이제야 당신을 배웁니다

삶의 문턱에서 완성되는 사랑의 기록

배승희 지음

인생의 끝자락에서 더욱 선명해지는 그 이름.

익숙함 너머의 당신을, 이제야 바라봅니다.

아들의 시점으로 풀어내는 엄마의 삶.

책을 시작하며

 엄마 : "정현숙(가명)", 나 : "배승희"

 삶을 살아가다 보면 엄청난 내적 성장을 이루는 때가 가끔 찾아온다. 사람마다 인생이 다르기에 그 모든 경우를 나열해 볼 수는 없지만, 다음 두 가지 상황은 누구에게나 찾아온다고 확신한다.

 첫 번째는 세상에서 가장 사랑하는 사람이 생겼을 때다. 그때가 되면 모든 판단과 행동에 대한 기준에 '나'에서 '그녀(혹은 그)'가 더해지게 된다. 때로는 나보다 상대방의 기준이 더 우선순위를 차지하기도 한다. 모든 선택과 행동은 결국 자신을 위한 것이지만, 때로는 자기희생적인 모습을 보이게 되고, 평소에 몰입을 잘 하지 않던 사람조차 엄청난 집념과 몰입 상태로 들어가 상대에게 마음을 얻으려고 노력하거나, 이미 마음을 얻은 상태라면 더 행복하게 해주려고 할 수 있는 모든 수단과 방법을 동원하게 된다.

 두 번째는 세상에서 가장 사랑하는 사람을 잃게 될 때이다. 그때가 되면 그 사람과 함께했던 지난 시간을 회고하게 되는데, 그 사람에 대한 사랑이 깊으면 깊을수록 높은 확률로 자신을 반성하게 된다. 사랑이란 감정 앞에선 모든 것이 부족하다고 느껴지고, 그 부족한 마음도 사랑의 일부가 되기 때문이다. 현재를 살아가야 하기에 사랑하는 사람에게 나의 모든 시간을 내어줄 수 없는 노릇이라, 사실 당신은 부족하지도 않으며, 잘못한 것도 없다. 하지만 소중한 사랑(사람)을 잃게 되는 것은 개인이 감당하기에 너무 거대한 슬픔 또는 무언가이기에, 어쩌면 자신을 탓하는 것은 그것을 이겨내기 위해 선택하는 심리적 수단일 수도 있겠다. 이는 가장 강력한 경험 또는 학습으로서, 그간 깨닫지 못했던 가치들을 깨닫게 되거나, 부족한 나를 발견하고, 되돌릴 수 없는 후회 앞에 목이 터져라 울부짖으며 다시는 같은 아픔과 후회를 만들지 않기 위해 엄청난 각오나 변화를 결심하는 계기가 된다.

위 두 가지 성장에는 '사랑(사람)'이 중심에 있고, '성장'을 만들어낸다는 데에서 동일하지만, 다른 점은 '방향'이라고 할 수 있다. 첫 번째의 과정과 성장은 대부분 사람에게 비슷한 시기에 찾아오며, 앞을 향해 있다. 그에 반해, 두 번째의 과정과 성장은 사람마다 각기 다른 시기에 찾아오고, 찾아오는 시기에 따라 형태가 다를 수 있으며, 대게 방향은 뒤를 향한다. 그래서 두 번째 '이별'과 관련된 성장은 더욱 외롭고, 고통스러울 수 있으며, 슬픔을 받아들이는 과정에서 오래 방황하거나, 자칫하다간 그 슬픔에 자신을 잃을 수도 있다.

만남보다는 이별을 훨씬 더 중요하게 생각하는 사람으로서, 그리 오래 살지는 않았지만, 영원한 이별 앞에서 오랜 시간 고민하고 방황하며 불안해했던 사람으로서(어쩌면 지금도) 지금 다시 세상에서 가장 소중한 사람을 잃게 될지도 모른다는 잔인한 가능성 앞에서 이 글을 시작한다. 이 글로써 엄마이기 전에 한 사람의 찬란했던 삶을 세상에 남기고, 먼 훗날의 내가 자신의 부족함과 뒤늦은 후회 앞에 조금이라도 덜 아프길 바라며, 같은 슬픔 앞에 있는 이들에게 작은 위로라도 될 수 있기를 소망한다.

2025년 10월

아들 승희

차례

책을 시작하며 04

서문 <u>01</u> 이해할 수 없다면 나머지 조각을 찾아라 12

현재

<u>02</u> 가족을 사랑해야 할까, 미워해야 할까 18

<u>03</u> 자식이 부모를 이해하는 방법 32

<u>04</u> 세상을 앞에 앉히고 말하기 39

<u>05</u> 불안 속의 이성과 죄책감 44

<u>06</u> 첫 진료의 좌절 56

<u>07</u> 행복과 불행은 딱지와 같아서 64

<u>08</u> 전원에서 수술까지 73

<u>09</u> 사라진 1단계 : 퀴블러 로스의 분노 88

10 비밀스러운 그녀의 또 다른 숨 93

11 엄마도 여자였다 102

12 사랑의 또 다른 형태 물음 105

13 삶에 대한 회고, 그 여정의 시작 113

회고록

14 회고를 향한 출발 116

15 엄마에게도 어린 시절이 있었다 126

16 불개미파가 가져다준 선물 135

17 바람같이 지나간 그 시절 143

18 자유를 꿈꾸었던 소녀 148

19 모녀 : 피로 이어진 두 여자의 평행선 152

20 까꿍! 어묵 하나 드시고 가세요 156

21 협상의 미학 160

22 씹으면 씹을수록 길어지고 질겨지는 추억 168

23 결혼의 목적과 너라는 이유 177

24 에이리언 182

25 굳이 왜 안 해? 189

26 언제 신발을 벗고 양말을 벗나요 194

27 굳은살 201

28 시간은 무서울 정도로 고요하고, 잔인할 정도로 꾸준하다 204

29 셋째의 출산 207

30 당연함이라는 포장지를 벗기자 211

31 무엇을 좇고 있고, 동시에 무엇을 놓치고 있는가? 218

32 행복과 외로움 사이 그 어딘가 225

33 보험왕 232

34 베짱이가 되지 못한 개미 237

35 베짱이가 되지 않은 개미 241

36 묵도리 분식 245

37 기억에 없는 것을 기억한다는 것은 251

38 고결한 헌신을 안다는 오만 254

39 방과 후 학교 260

40 그녀의 두 가지 직업 267

41 누구나 여덟 살 아이를 품고 있다 274

42 비밀 따위는 사치 279

43 도둑맞은 졸업식 282

44 또 다른 생일 287

45 운명의 장난이 아닌 운명과의 놀이 293

책을 아우리하며 301

엄마를 더 사랑하게 된 아들 301

반쪽짜리 인생 305

서문

01
이해할 수 없다면 나머지 조각을 찾아라

   결혼하고 나를 낳은 이후, 엄마 자신이 한 것은 자식을 키우기 위해 최선을 다했던 것뿐이었다. 그런데 예상치 못한 날, 엄마는 갑작스럽게 폐암 진단을 받았다. 병기가 높았다. 종양의 크기도 컸고, 위치도 너무 위험한 곳에 있었다. 삶이 와르르 무너지는 기분이었다. 평소 나의 주요 고민의 주제가 '내일은 월요일이구나. 일주일 동안 회사에서 어떤 업무를 할까?'에서 '엄마와 나에게 주어진 시간은 어느 정도일까?'로 바뀌었다. 첫 진단 이후 거의 매일 이러한 고민 속에서 살아가니 무게가 달라졌다. 생각의 무게, 고민의 무게, 말의 무게, 행동의 무게, 심지어 걸음의 무게까지. 지구의 중력이 몇 배는 높아져서 높은 압력으로 나를 짓누르는 듯했다.

'지금까지 엄마가 어떻게 살았는데, 이렇게 가야 한다고?'

너무 허망했다. 그 허망함에 분노가 치밀어 오르기도 했다. 엄마의 삶을 누구보다 가까이에서 지켜봤던 아들로서 너무 억울했다. 당장 목숨이 위태로운 상황은 아니지만, 엄마의 삶이 당장이라도 사라질 것 같았고, 이대로 사라지기엔 가정을 위해 그간 포기했던 다양한 기회와 경험, 드넓은 세상들이 너무 아까웠다. 암울한 고통 속에서 절망하고 다시 일어나기를 반복하다가 문득 깨달았다. 정확한 계기는 모르지만, 엄청난 직감 내지는 확신이 들었다. 지금 내가 무언가를 하지 않으면 평생 뼈아픈 후회 속에서 살아가리라는 것을. 용기를 내보았다. 하겠다는 다짐만으로도 나에게는 에너지를 무척 소모하는 일이었다. 내 도전의 궁극적인 목적은 엄마의 삶을 세상에 남기는 것이다. 그 외에는 엄마가 자신의 삶을 온전히 되돌아보며 자신의 삶을 가치 있게 여기고 사랑하기를 바랐고, 아들로서 엄마를 온전히 이해하고도 싶었다.

솔직히 두려웠다. 정확히는 이 선택의 결과가 어떨지 두려웠고, 이 선택으로 인해 잃게 되는 것들이 두려웠다. 하지만 모든 선택과 행동에는 완벽이라는 것이 없음을 알고 있다. 완벽이 없기에 미래를 알 수 없고, 당연히 두려움이 따른다. 과정과 결과에는 만족 혹은 납득만이 있을 뿐이다. 새처럼 가볍게 시작하고자 했다. 이렇게 도전하여 만들어진 유무형의 가치와 결과들이 시간이 지나며 어떠한 결과로 엄마와 내 곁에 남을지는 모른다. 하지만 확신할 수 있는 것들이 있다. 한 사람의 삶이 이 책에 상세히 담길 것이라는 것, 이 책을 통해 언제든 한 사람의 인생을 그릴 수 있다는 것, 그리고 나는 평생에 걸쳐 종종 내 마음의 문을 두드릴 슬픔과 후회 앞에서 이 책을 옆구리에 끼고 조금 더 당당해질 수 있다는 것이다.

그 도전을 위해 나는 다섯 번의 여정을 떠났다(강릉, 여수, 부산, 대구, 전주). 초고를 완성한 뒤에는 세 번의 여행을 더 떠났다(제주, 방콕, 대만). 그 여정을 함께하며 준비한 질문을 던지며 어린 시절부터 현재까지 엄마가 살아온 이야기를 상세히 들었다. 나는 그 이야기를 아들인 자식의 관점으로 해석하며 온전히 받아들였다. 무조건 옹호하지는 않았다. 엄마의 삶을 들으며 마치 제삼자의 시선으로 바라보며 내 생각도 함께 담았다(일부 내 생각은 엄마가 모르길 바랄 정도로 솔직하게).

나와 완벽하게 들어맞는 사람은 이 세상에 존재하지 않는다. 그것은 엄마도 마찬가지이다. 아무리 평생 함께 살아온 사람이라도 나와 동일한 사람이 아니기에 이해하려고 해도 도저히 이해할 수 없는 것들이 있다. 그런데 이번에 여행을 함께하면서 그 비밀을 발견했다. 그 비밀은 **과거로 돌아가 나머지 조각을 찾는 것**이다. 앞으로도 함께하고 싶은 사람에게서 도저히 이해할 수 없는 모습(생각, 가치관, 행동 양식 등)을 발견했을 때, 그 이해할 수 없는 모습은 조각의 반쪽이다. 반쪽만으로는 그 조각이 어떤 형태인지, 어떤 그림을 포함하고 있는지 알 수 없다. 상대방을 이해하고 함께 행복을 추구하기 위해서는 이해할 수 없는 나머지 반쪽짜리 조각을 찾아야 한다. 그리고 대개 그 조각은 과거의 삶에서 발견할 수 있다.

나는 이 책을 출판하는 여정을 통해, 태어날 때부터 지금까지의 엄마를 쓰고, 읽었다. 그 과정에서 현재까지도 이해할 수 없던 것들에 대한 나머지 반쪽짜리 조각들을 발견했다. 그렇게 찾은 과거의 조각과 지금의 조각을 맞대어보며 현재 엄마를 이해했다. 이 과정이 무척이나 흥미로웠지만, 상당히 고통스럽기도 했다. 비로소 이해할 수 있어서 기쁨을 느끼기도 했지만, '내가 이걸 지금에서야 깨닫다니!'라고 생각하며 자책하기도 했다. 이 책은 그 여정이 담긴 책이다. 지극히 평범한 한 여자가 태어났고, 성장했고, 엄마가 되어 지금 내 옆에 앉아있기까지의 모든 과정을 담은 한 편의 영화다. 동시에, 엄마가 앞으로 가져야 할 용기, 스스로에 대한 도전이자 극복이기도 하다. 그리고 그것은 나 또한 마찬가지이다.

폐암을 진단받은 사실을 처음에는 우리만의 불행이라고 생각했다. 하지만 시간이 흐르니 점차 특별함으로 변해갔다. 그리고, 지금은 이 또한 지극히 일상적인 인간의 삶이라고 생각하게 되었다. 이것을 깨닫고 받아들이기는 무척이나 괴롭다. 기존에 형성된 가치관이 한순간에 뒤엎어지고, 나의 자아가 무너지는 기분이었다. 누군가도 그럴 것이다. 하지만 누구나 각자의 고통 속에서 살아간다. 고통이 고통으로 끝날 것인지, 그 고통 너머의 새로운 가치를 발견하고 성장하며 또 다른 삶의 의미를 발견할지는 자신의 선택과 의지에 달렸다. 이 이야기가 투병 중인 다른 환자들과 보호자들에게 한 번 더 재기할 수 있는 계기가 되기를 바라며, 함께라는 진실이 전달되기를 바란다. 더 늦기 전에 후회 없이, 미련 없이 서로 사랑하기를.

시간의 유한함에 공포를 느끼기보다는, 그 사실로 지나쳐왔던 행복을 다시 모아가기를.

현재

02
가족을 사랑해야 할까, 미워해야 할까.

우리 부모님은 사이가 좋지 않아 서로 대화를 잘 하지 않았고, 부딪히면 자주 싸웠다. 잦은 부부 싸움에는 아마 넉넉지 않은 형편에서 오는 현실적인 어려움도 한몫했을 것이다. 두 번째 이유는 고달픈 현실을 극복하려면 부부가 서로 힘이 되어주어야 하지만, 엄마와 아버지는 너무나 다른 사람이었기 때문이다. 엄마는 감정적이고 긍정적이지만, 아버지는 비관적일 정도로 현실적이며 참으로 권위적이었다. 아, 그리고 술도 참 좋아했다. 365일 매일 소주 반병씩 술을 마시다시피 했으니까. 엄마는 그런 아버지를 원망했다. 학창 시절, 방과 후 수업이 끝나고 늦게 집에 돌아오면 항상 좌식 탁자에 앉아 소주를 따르는 아버지의 뒷모습이 보였다. 현관문을 열자마자 보였던 그 모습은 매번 집에 들어설 때마다 나를 갑갑하게 만들었다. 나는 어릴 적부터 아버지를 무서워했기에 불만이 있더라도 말 한마디를 제대로 하지 못했다. 하지만 고등학생이 되고 나서, 그날은 어디서 용기가 솟아올랐는지 아버지께 소신 발언을 던졌다.

"오늘도 마셔? 술 좀 줄이면 안 될까?"
"뭐?"

처음으로 당당하게 하고 싶었던 말을 내질렀을 때, 내 속은 극도의 긴장상태였다. 어떤 결과로 이어질지 상상조차 못 했던 큰 도전과도 같았다. 아버지에게 크게 한 번 소리친 뒤, 나는 속으로 두 눈을 질끈 감았다. 그런데 아버지의 반응은 내가 상상했던 모습과는 달리 매우 고요했다. 한 번도 그런 적이 없던 아들이 갑자기 소신 발언을 하니, '감히 네가 나에게?' 하는 표정으로 따가운 눈빛만 보낼 뿐이었다. 그날부터 아버지를 향해, 가정을 향해 나는 소신 발언을 하기 시작했다. 하지만 하루, 이틀 지나 고등학교를 졸업할 때쯤 되니, 한마디를 해도 쓱 나를 쳐다보고는 다시 잔에 소주를 채우며 침묵만을 지켰다.

아버지가 항상 무거운 분위기로 술을 마신 것은 아니었다. 종종 술에 취해 기분이 좋아 보이는 날도 있었다. 물론, 기분이 좋은 날이 아니라 좋아지고 싶은 날이라는 것을 이제는 안다. 조금 늦게 깨달았지만.

"우리 일요일에 등산갈까?"

평소 어떤 걸 하자고 제안하지 않던 아버지는 술에 취해 기분이 한껏 오를 때면 이따금 갑작스럽게 파격적인 제안을 하기도 했다. 하지만 제안했던 당일이 되면 아버지는 아무런 얘기도 하지 않았던 사람이 되었다. 그날의 파격적인 제안은 먼지처럼 사라졌고, 오롯이 내 기억에만 남겨졌다. 마치 아버지가 마셨던 알코올처럼. 이것은 아버지의 대표적인 술버릇의 일부였다. 어릴 적에 나는 그런 술버릇에 실망한 적이 많았다. 주제도 참 다양했다. 여행, 등산, 드라이브 등. 정말 어쩌다가 한 번은 실현되기도 했지만, 대부분은 알코올처럼 사라졌다. 그래도 어쩌다가 한 번은 가게 되니 아버지가 기분에 취해 내뱉었던 알코올 같은 제안에도 작은 기대는 항상 있었다. 하지만 기대가 적중하는 날보다 실망하는 날들이 훨씬 많았으니, 어느 순간부터는 그냥 기대조차 하지 않게 되었다. 동시에 나도 이 정도인데, 훨씬 오랫동안 함께 살아온 '엄마는 얼마나 많은 실망이 내면에 쌓여있을까?' 하는 생각이 들었다.

  나는 이런저런 이유로 어릴 때부터 혼자 힘으로 성장해야 한다고 생각했다. 지금 돌이켜보면, 그 나이에 맞지 않는 무거운 책임감을 스스로에게 지운 일종의 강박이었다. 하지만 그 덕분에 지난날을 돌아보면 나름대로 혼자 열심히 잘 성장했다고 느낀다. 가끔 삶의 경험이 많은 선생님이나 윗사람이 "참 어른스럽구나."라며 대견하다고 말할 때, 그들의 시선이 내 마음을 울리는 경우가 많았다. 마치 지난 나의 삶을 꿰뚫어 보기라도 한 듯이 말이다. 그 눈빛에는 말로 표현하지 않아도 마음속 깊은 여러 감정들이 스며들어 있었다. 안타까움, 대견함, 위로, 그리고 충분히 공감해 주지 못하는 담담한 사과까지. 때론 말 열 마디보다, 눈빛 한 번이 더 큰 위로나 응원의 형태가 될 수 있다.

  나는 아무리 힘들어도 거의 모든 고민과 문제는 스스로 해결하는 편이었다. 어느 순간부터는 혼자 잘 크고 싶어도 나를 방해하는 듯한 가족이 밉기까지 했다. 나를 눈치 보게 하며, 늘 바짝 긴장하게 하는 곳이 집이었다. "나는 집이 제일 편해. 그냥 아무것도 안 하는 게 최고야."라며 집이 제일 편하다고 말하는 친구들에게 나는 좀처럼 공감을 주지 못했다. '집이 그렇게 편한 곳이 될 수 있나?' 생각할 뿐이었다. 하지만 난 집을 미워하면서도 동시에 애정했다. 집에서 많은 스트레스와 부담감을 받아왔지만, 나는 부모의 자식이었기 때문이다. 어떤 감정을 느끼든 쉽게 떨쳐낼 수 없고, 대부분을 받아들여야 하는 가족 간에는 어쩌면 '사랑'이라는 표현보다 '애정'이라는 말이 더 어울린다고 생각한다. 그렇다. 나는 가족을 애정했다.

감정이라는 것은 나이가 들수록, 경험과 시야의 범위가 넓어질수록 점점 더 복잡해지고 어려워진다고 느낀다. 한때 이러한 감정을 이해하고자 인터넷을 찾아봤던 적이 있었는데, 불교에서 해석한 내용이 가장 크게 와닿았다. 인간이 느끼는 감정에는 일곱 가지가 있는데, 이를 불교에선 칠정(七情)이라고 한다. 기쁨(喜), 노여움(怒), 슬픔(哀), 즐거움(樂), 사랑(愛), 미움(惡), 욕심(欲)이다. 당연하게도 사람은 이 일곱 가지 감정을 가족에게서 처음 배운다. 이 모든 감정을 처음 느끼게 해주는 것도, 그것을 더욱 풍부하고 성숙하게 해주는 것도 가족이다. 그것도 가족이라는 존재 자체가 매개체가 되어서 말이다. 가족에게 느끼는 감정은 딱 잘라 표현하기 어렵고 복잡하다. 연인에게 표현하는 '사랑'과는 비슷하지만, 훨씬 복잡하고 끈적한, 그러니까 사랑과 무언가가 결합된 감정이라고 생각한다. 가족으로 인해 형성된 즐거움, 행복, 원망, 분노, 미움, 위로 등이 사랑이라는 막으로 둘러싸여 있는 듯 말이다. 나는 지금껏 가족을 대상으로 기뻐하며 사랑했고, 미워하며 사랑했고, 분노하며 사랑했고, 슬퍼하며 사랑했고, 즐거워하며 사랑했고, 욕망하며 사랑했고, 사랑하며 사랑했다. 그러니까 나는 가족을 미워하고, 때론 분노하고 원망하면서도 결국 사랑했다. 가족에게서 오는 모든 감정을 사랑했던 것이다. 바로 애정이었다.

 부정적인 감정과 사랑이 한데 섞여 존재하는 것, 이 양가감정 속에서 나는 오랜 시간 괴로워했다. 사람이 느끼는 감정 중 가장 큰 스트레스를 주는 것은 바로 '양가감정'이라고 단언할 수 있다. 어릴 적 나는 나름 희망차고 행복한 가정을 만들기 위해 여러 시도를 했었다. 하지만 결국 실패로 돌아갔다. 어느 순간부터 나는 자식으로서 도리가 무엇인지, 그 도리는 어디까지인지 철저하게 계산하기도 했다. 부모님을 향한 나의 사랑을, 나를 향한 부모님의 사랑을 의심했던, 말 못 할 혼자만의 싸움은 꽤 길었다.

「족쇄」

나는 가끔 이 '가족'이라는 관계가 무겁게 느껴졌다. 매번은 아니지만, 평소보다 더 큰 사건이 터지는 날이면 내 집으로부터 영원히 도망치고 싶다고 생각했다. 그래서 가장 친한 친구에게 어려움을 토로할 때, 가족이라는 관계를 가끔 풀고 싶어도 풀 수 없는, 발목에 채워진 '족쇄'라고 표현하기도 했다. 지금은 다르다. 가족을 족쇄로 느꼈던 것은 당시 나의 선택이었고, 일종의 방황이자 변명이었음을 깨달아가고 있다. 하지만 나는 아직 어른이 아니다. 때론 이기적이고도 오직 나만을 생각하는 원초적인 인간이기에, 이러한 변명들에 가끔 기대기도 한다.

가족에게서 도망치고 싶어도 그럴 수 없다는 것을 나는 잘 알았다. 그래서 몇 년 전까지만 해도 가족을 이해하려는 노력을 멈추었다. 내가 이해할 수 있는 적정 범위를 벗어나는 것들에는 '외면'하는 태도를 선택했다. 다시 말해, 문제가 발생할 것 같은 상황 자체를 피했다. 그 문제 근처에 가까이 다가서지 않았고, 너무 양심에 찔릴 때면 먼발치에서 바라보는 정도였다.

하지만 이상하게 용기가 나는 날이면 가족 문제를 건드리거나 해결해보려고 발버둥 치기도 했다. 처음에는 해결할 수 있다는 희망을 품었지만, 시간이 지나도 해결되지 않으면 다시금 원망했다. 온갖 이유를 갖다 붙이면서 보냈던 원망은 사실 가족의 문제에서 내 책임을 완전히 없애 버리려던 시도였다. 당연히도 좋은 선택은 아니었다.

외면하고, 도피하고, 원망하며 나는 현재의 행복에 가까워진다고 착각했다. 하지만 그런 생각과 행동은 오히려 나를 행복에서 멀어지게 만들었다. 그리고 깨달았다. 애초에 행복은 쟁취의 대상이 아니라 추구의 대상이라는 것을. 사람들은 종종 행복에 과도하게 집착하며 쟁취하려 한다. 나도 그랬다. '나는 반드시 행복해질 거야!'라는 생각으로 행복에 집착하기보다는 '나는 지금부터 행복할래!'라고 생각하며, 매 순간 행복을 느끼는 지혜를 배우는 것이 행복 추구에 더 적합한 가치관이다. 물론 오늘의 행복을 느끼려면 행복이 무엇인지 이해하고, 그 전에 자신을 깊이 이해하는 것이 우선적인 과제이겠지만.

어릴 때부터 가족을 보며 내가 도저히 이해할 수 없었던 것들이 있었다. 누나는 학창 시절에 질풍노도의 시기를 보냈는데(물론 지금은 엄마의 좋은 딸이자 친구로 잘 지내고 있다), 엄마는 방황하던 누나를 크게 혼내거나 다그치지 않았다. 오히려 더 품으려 노력했다. 이것이 내가 몇 년 전까지도 이해할 수 없었던 엄마의 '반쪽짜리 조각'이었다. 나는 아직도 집 나간 누나를 찾으려고 엄마 손을 잡고 난생처음 외지로 향하던 기억이 생생하다. 그때 나는 초등학생이었는데, 아무도 시키지 않았음에도 왠지 모를 사명감을 안고 엄마 옆을 지키려 했다. 이와 관련해서 엄마는 종종 이 얘기를 하곤 한다.

"승희야, 너 초등학교 첫 등교 다음 날부터 어떻게 등교했는지 기억나?"

"아니? 내가 어떻게 등교했는데?"

"여덟 살짜리 조그만 애가 현관문 닫으면서 이렇게 얘기했다니까? '다녀오겠습니다, 엄마. 문 꼭 닫고 계세요.' 정말 웃기지 않니?"

"내가 그랬다고? 크크크, 진짜 웃기네."

지금 생각해 보면 조그만 녀석이 귀여웠다.

그러니 초등학교 때까지는 아버지가 리모컨을 던지고, 서로 소리 지르며 싸우고, 누나가 말썽을 피워도 상관이 없었다. 내가 스스로에게 부여한 역할은 엄마 옆을 지키는 것이었기 때문이다. 하지만 중학생이 되면서 점차 생각이 바뀌기 시작했다. 엄마의 생각과 행동에 의문을 품기 시작한 것이다. 누나가 잘못을 한 상황에서도 훈육 없이 모든 것을 이해하고 감싸려고만 하는 모습을 납득할 수 없었다. '그냥 강하게 혼을 내시지, 왜 저렇게 하는 거지! 아, 답답해.'

때로는 엄마를 진심으로 미워했다. 누나를 왜 혼내지 않는 것인지, 왜 마땅히 해야 할 말을 하지 못하고 전전긍긍하는지, 나는 도무지 알 길이 없었다.

이것 말고도 어릴 적에 이해되지 않는 것들이 너무 많았다. 말썽을 피워도 누나를 혼내지 않던 엄마도, 심지어 누나가 말썽을 피워서 다혈질인 아버지가 때리려 할 때 몸을 던져 막았던 것도 이해하기가 어려웠다(물론 아버지의 과한 부분도 있었지만, 그렇다고 엄마의 행동이 옳았다고 동의할 수도 없다). 매일 싸우면서도 이혼하지 않는 부모님도 그랬다. 그때 우리 가족에게는 나로서는 이해할 수 없던 반쪽짜리 조각들이 너무나 많았다.

"아악! 그냥 이혼해!!"

한번은 그 조각들이 날 여기저기 찔렀는지, 고등학교 때 참

앉던 울분을 터뜨리며 부모님을 향해 소리를 질렀다. 고등학교에 입학하고 대학교 입시를 준비하면서 유독 가족한테 심하게 쌓인 서러움이 이날의 폭발에 크게 한몫했다. 나는 우리 가족과 다른 친구들을 크게 부러워하지 않았다. 용돈을 많이 받든, 가족 여행을 다녀왔든, 좋은 학원에 다녀서 성적이 올랐든, 학교에서 가르쳐주지 않은 좋은 전략을 배웠든, 나름 지역에서 유명한 학원에 다니면서 생활기록부 관리를 받든. 그 어느 것도 나의 부러움을 살 수 없었다. 그들은 그들이고, 나는 나라는 것을 잘 알았다.

나는 그저 그들보다 내가 더 잘할 수 있는 것에 집중하며 스스로 할 수 있는 일에만 최선을 다하겠다는 생각이었다. 하지만 나 역시 어쩔 수 없는 인간이었는지 대입 준비가 치열해지면서 많은 부담과 스트레스가 쌓였다. 동시에 가족에 대한 서러움도 쌓여갔다. 그렇다고 가족에게 뭘 바랐던 것은 아니었다. 그냥 나 혼자 알아서 잘할 테니, 나를 방해만 하지 않기를 바라는 마음뿐이었다.

"행복하지도 않잖아. 이렇게 사는 게 행복해? 왜 이렇게 사는 건데, 엄마 아빠는…. 이제 그만 좀 해. 이혼하면 되잖아!"

그렇지 않아도 스트레스가 많이 쌓였는데, 어김없이 싸우는 부모님과 그런 집에서 눈치를 보는 내 모습이 그날따라 마음에 들지 않았다.

"친구네서 자면 그 가족은 다 같이 편하게 저녁을 먹는데, 우린 그런 적이 있어? 없잖아! 허구한 날 싸우기만 하는 게 가족이야?"

나는 고래고래 소리를 질렀다. 잔뜩 흥분해서는 버벅거리고, 눈물 콧물 흘려가며 그간 있었던 서운함을 허공에 토해냈다. 모든 것을 쏟아낸 뒤였을까, 잠시 정적이 흐른 뒤 엄마는 두 손으로 얼굴을 감싸고 고개를 숙이며 나지막이 읊조렸다. 그 말이 아직도 욱신거린다.

"그러니까 친구 집에 가지 말라고 했잖아…."

엄마는 내가 친구네 집에서 자고 오는 걸 불편해했다. 그렇다고 안 된다고 말한 적은 거의 없었지만, 허락을 구할 때마다 어딘가 불편해하는 기색을 보였다. 나는 그럴 때마다 찜찜했다. 친구의 부모님도 허락했는데, 왜 그렇게 불편해할까. 단순히 예의와 관련된 이유겠거니 생각하고 넘겨왔다. 하지만 그 이면에 숨겨진 엄마의 또 다른 죄책감을 이날에서야 깨달았다. 엄마는 내가 친구네 집의 가정환경과 분위기를 부러워할까 봐 걱정하고 두려워했던 것이다. 동시에 우리 집의 상황에 대해 엄마로서 죄책감을 느끼고 있던 것이었다.

 나는 그날에서야 엄마의 또 다른 나머지 조각을 발견했다. 그동안 엄마는 친구 집에서 자고 온다는 나의 요청에 어떤 마음으로 허락했던 걸까. 엄마의 조각이 맞춰지고 나니 나의 어리석음이 보였다. 그래서 펑펑 울었다. 가족에게 쌓인 분노가 엄마에 대한 미안함으로 승화되는 순간이었다. 내가 그날 얼마나 울었던가. 다음 날 아침에 눈이 잘 떠지지 않았던 것은 확실하다. 그때와 지금의 나는 비슷하다. 정도의 차이는 있겠지만, 지금도 여전히 가족을 향해 때로는 사랑을 보내고, 때로는 원망한다. 하지만 그때와 다른 부분이 있다면, 나 자신과 가족을 직면할 수 있다는 것이다. 나는 가족을 미워한다는 것에 죄책감을 느꼈다. 가족과 함께 그리는 미래가 두려워 도망가기도 했다. 하지만 지금은 외면이나 도피 따위가 아닌 직면의 태도를 선택한다. 가족에게 느끼는 부정적인 감정도 아들이자 나 자신으로서 자연스러운 모습이라는 것을 인정했기 때문이다.

내면의 갈등이든 타인과의 갈등이든, 갈등은 언제나 존재한다. 갈등이 발생했다는 것은 원인이 있다는 것이고, 그 원인을 파악하기 위한 첫 번째 출발은 원인에 대한 나 자신을 이해하는 것이다. 언제나 나를 먼저 이해하고 인정해야만 다음 단계로 넘어갈 수 있다. 누구라도 가족을 원망할 수도, 진심으로 미워할 수도 있다. 그렇다고 가족을 사랑하지 않는 것은 아니다. 가족이니까 무조건 사랑해야만 한다는 것도 누군가에게 너무나 가혹한 강요다. 가족이란 그런 존재이다. 사랑하고, 동시에 미워할 수 있는, '나의 모든 감정과 함께할 수 있는 유일한 존재'이다.

03
자식이 부모를 이해하는 방법

 가족을 어떻게든 변화시켜 보겠다고 어릴 적부터 여러 시도를 해왔다. 하지만 그 모든 시도는 그리 효과적이지 못했다. 때로는 '어? 정말 되겠는데?'라는 생각이 들다가도, 결국에는 '그래, 도저히 나 혼자만의 힘으로는 안 돼.'라며 혼자 낙담할 때도 많았다. 가족의 문제를 해결하려고 시도하는 것 자체만으로도 정말 많은 용기가 필요했다. 단순히 내 친구들이 싸웠을 때 싸우지 말라며 중재하는 그런 단순한 느낌이 아니다. 서로 삐쳐있는 사람들의 사이를 좋게 만드는 그런 간단한 상황도 아니다. 무엇이 그렇게 복잡한지 하나하나 설명할 수는 없다. 분명한 것은 그동안 아들이라는 위치에 있던 내가, 새로운 위치에 서서 가족을 바라본다는 것은 정말 낯설고, 어떤 결과로 이어질지 예상할 수도 없는 일이었다는 것이다. 결과를 예측할 수 없는 일은 큰 두려움을 수반했다.

그럼에도 도전하고 실패했기에 깨달은 것이 있었다. 가족을 항상 냉철하게 지켜보고, 때로는 적극적으로 중재하거나 해결하기 위해 나서면서 나는 '이해관계'라는 것을 깨닫게 되었다. 가족 구성원 사이의 이해관계는 사회보다 감정적인 측면에서 훨씬 더 복잡하다. 득과 실, 권한, 지휘 체계처럼 명확한 판단 지표가 있는 것이 아니라, 과거부터 쌓인 기억이나 감정 등 구체화하기 어려운 복잡한 요소들이 얽혀 있기 때문이다. 내가 속한 가족 관계 안에서 깨달은 이해관계의 의미와 중요성은 내가 인간관계를 형성하고, 유지하며, 끝맺을 때 정말 큰 도움이 되고 있다.

"아빠! 엄마한테 표현 좀 잘 해봐. 가족이랑 화목하게 지내보면 안 돼?"라고 말하는 대신, 이해관계를 깨닫게 되자 '아빠는 왜 이렇게 가부장적이고, 현실에 대한 패배감을 많이 느꼈을까?' 생각하며 아버지를 한 사람으로 그리고 그의 삶 자체를 이해하려고 노력했다. 아버지를 가족과 가장이라는 위치에 대입해서 이해관계를 헤아리기 시작했다. 가족에게 이해관계라는 표현이 조금 사무적일 수 있겠지만. 아마도 이 관점이 내가 가족을 더 깊게 이해하게 된 첫 번째 전환점이었다. 나는 확신한다. 세상 대부분의 갈등과 문제는 각각의 이해관계가 대립하는 데서 시작되고, 이를 풀어나가려면 내가 아닌 '그들에 대한 이해'와 '대화'가 필요하다. 물론 정치, 사회, 종교 등 문제가 커지면 단순하게 접근할 수 없겠지만, 결국 그 본질은 내가 확신하는 바와 크게 다르지 않다고 생각한다.

「대상에 대한 '이해'와 '대화'」

이 두 가지가 있으면 웬만한 갈등과 문제는 해결할 수 있다고 믿는다. 하지만 이것이 정말 어렵다. 왜냐하면 상대방을 이해하고 그것을 온전한 대화로 녹여내기가 말처럼 쉽지 않기 때문이다. 더구나 그 갈등과 문제가 오랜 시간 이어져 온 것일수록, 혹은 발생 시점에 처한 당사자들의 이해관계가 오랫동안 얽혀 있을수록 어렵다. 마치 매듭에 매듭이 수십 번 겹겹이 묶여있는 듯하다. 그러니 중요한 것은 이해관계가 더 얽히고 복잡해지기 전에 일찍 대화를 시도하고 상대를 깊이 이해하려는 절실한 노력이다. 혹은 여러 번 매듭을 풀어봤지만, 여전히 꽉 묶인 매듭에 지치더라도 포기하지 말고 꾸준히 매듭을 하나씩 풀어나가야 한다.

가족 사이의 이해관계에서 발생한 문제 중에는 좀처럼 쉽게 해결되지 않고, 해결하더라도 그 이후에 계속해서 반복되는 문제나 갈등들이 있다. 지난날들을 되돌아보면 꽤 많을 것이다. 그러한 반복되는 문제들은 비록 그 당시 표면적인 원인이 있을지라도, 좀 더 근본적인 원인은 과거부터 누적되고 축적된 경우가 많다. 가족의 관계에서 발생하는 문제를 이해하고 싶다면 단편적 시각을 버리고 그 문제가 발생하기 훨씬 전부터 존재하던 것을 볼 줄 알아야 한다. 오래되고 복잡한 삶의 이야기를 읽고, 그 속에서 이해관계를 발견해야 한다.

이런 갈등들은 삶에서 상당히 괴롭다. 그 이유는 당연하다. 계속해서 같은 갈등을 발생시키기 때문이다. 결국 같은 원인 때문에 반복되는 갈등이 감정의 골을 깊게 만든다는 점이다. 또한, 슬프게도 그와 동시에 누구나 나이를 먹어가면서, 짊어지는 책임은 무거워진다. 더 큰 문제는 이 부정적 감정의 골이 깊어지고 책임이 무거워질수록, 여유는 사라지고 문제를 해결하며 써야 하는 마음의 크기도, 가져야 하는 용기도 더욱 커져야 한다는 것이다. 어느 순간이 되면 스스로 해결할 수 없는 문제라고 결론을 내린다. 그렇다고 해결할 수 없는 문제로부터 도망칠 수도 없다. 왜냐하면 가족이니까. 게다가, 가족이기에 당연하다고 여기는 태도 때문에 이러한 갈등의 씨앗을 깊게 묻어놓고 결국 뽑아내지 못할 정도로 뿌리를 키우기도 한다. 익숙함에 대한 어리석음의 예시이다. 익숙함에 무뎌지지 않으려고 경계하면서도, 간혹 어리석은 실수를 범하곤 한다. 관계를 소중히 여기고 오래 지키고 싶다면, 이 익숙함을 평생 경계하고, 의심하고, 두려워할 줄 알아야 한다.

앞서 말했듯이 나는 모든 갈등과 문제는 '이해'와 '대화'가 있으면 해결할 수 있다고 믿는다. 자식으로서 이해되지 않는 부모님의 언어와 행동에는 분명 자식인 우리가 헤아려보려고 시도하지 않았던 그들만의 삶이 있기 때문이라고 생각한다. 지금 부모님의 행동과 언어는 '결과'이고 그 이전의 삶이 '원인과 과정'이다. 그러므로 결과라고 할 수 있는 부모님의 행동과 언어를 이해하려면 그들의 삶을 진정으로 이해할 필요가 있다고 생각한다. 실제로 이해할 수 없었던 누나에 대한 엄마의 무조건적 포용을 이해하기 시작했던 것도 엄마의 어린 시절 성장 과정과 지난 삶의 이야기를 듣고 난 뒤였다. 우리를 어떻게 키웠는지에 관한 이야기도 도움이 많이 됐다. 결론적으로, 엄마가 누나를 확실하게 훈육하지 못했던 것은 어린시절의 누나를 올바르게 키우지 못했다는 미안함과 죄책감 때문이었다. 그로 인해 누나를 혼내지 않았던 것이 아니라, 혼내지 못했던 것임을 깨달았다. 엄마의 삶과 육아에 대한 솔직한 이야기를 듣고 나니 현재 행동의 이유를 비로소 알게 되었다.

이처럼 '원인과 과정'에 해당하는 그들의 '삶의 이야기'를 진정으로 들여다보고, 그를 통해 얻은 깨달음을 부모님을 바라보는 시선과 태도에 반영할 수 있다면, 그들을 더욱 온전하게 이해할 수 있다. 이것으로 쉽게 해결할 수 없던 갈등과 문제가 자연스럽게 해결될지도 모른다. 마치 애초에 존재하지 않았던 것처럼! 내가 이렇게 생각하면서도 그동안 쉽사리 시도하지 못했던 이유는 크게 세 가지다.

첫째는, 내가 충분히 성숙하지 못했다. 이런 깨달음을 얻고 행동으로 옮기려는 생각의 깊이가 너무나도 얕았다. 둘째, 성숙을 이루었음에도 용기가 부족했다. 다른 누구도 아닌 내가 사랑하는 이의 삶을 들여다볼 용기가 나지 않았고, 그들의 희생을 온전히 이해하고 받아들이기가 두려웠다. 잘못하다가 내가 힘들게 지키고 성장해 온 나의 자아와 나만의 삶의 영역이 망가질 것만 같았다. 그리고 직면하는 과정이 심리적으로 정말 괴롭고 어려울 것이라고도 생각했다. 셋째, 어릴 적부터 내가 아닌 다른 원인으로 가정에서 발생하는 문제들 탓에 오랜 시간 스트레스를 받았다. 나는 그것들에서 벗어나 나만의 가정을 꾸리고 싶다는 삶의 목표가 있었다. 다르게 표현하면 외면과 도피를 선택했다는 것이다.

혼자 갈팡질팡하고, 도전했다가 스스로 실망하고, 외면하고 회피하다가 결국, 2년 전 아버지가 돌아가셨다. 아버지 죽음의 원인에는 나의 외면과 회피가 있다는 죄책감이 아직도 있다. 이 죄책감을 아마도 내가 눈을 감을 때까지 평생 지울 수 없을 것이다. 그 후 1년 뒤, 어머니는 폐암 3기 진단을 받았다.

04
세상을 앞에 앉히고 말하기

 엄마는 '폐암 3기 b'라는 진단을 받았다. 폐암과 관련된 의학 논문을 여럿 찾아보니 5년 생존률이 대략 30%에서 40% 사이였다. 그 숫자를 확인하는 순간, 내가 바라보는 엄마의 삶에 현실적이고도 잔인한 확률 게임이 시작되었다. 일상에서 마주하던 확률과는 차원이 달랐다. 단순한 확률이 어디에 붙느냐에 따라 이렇게 무서워질 줄은, 나의 사고 체계를 이렇게나 완전히 뒤집어 놓을 줄은 몰랐다. 지인과 식사하거나, 운동을 하러 가거나, 회사에 출근할 때마다 내 머릿속을 떠나지 않는 생각이 있었다. '엄마와 함께할 시간이 얼마나 남아 있을까?' 평범한 일상에 엄마와 함께하지 않는 것에 대한 죄책감이 항상 따라왔다. 마음이 조급해졌다. 여행이든 무엇이든 아들로서 엄마를 위해 뭔가 행동하고 싶었다. 그래야 내 불안이 조금이라도 가라앉을 것 같았다.

나는 위기가 느껴지거나 자아가 흔들릴 때, 또는 타인의 시선이 신경 쓰일 때마다 '미움받을 용기'라는 책을 꺼내어 표시해 둔 부분을 다시 읽어본다. 여기서 말하는 삶의 태도를 항상 내 것으로 만들려고 노력하는데, 그 책에는 이런 내용이 나온다. '중요한 것은 앞으로의 목적이고, 지금 주어진 것들을 어떻게 받아들이고 행동하는 것이다.' 아들로서 내가 할 수 있는 일이 무엇인지 고민했다. 고민 끝에 나는 엄마에 대한 자서전을 쓰기로 결심했다. 지원 사업을 신청하고 출판할 준비를 마친 뒤, 자기 전에 엄마 옆에 누워 이야기를 꺼냈다.

"엄마, 우리 책 하나 쓰자."

"책? 무슨 책을 써?"

"엄마의 삶을 자서전으로 쓰고 싶어."

"내 삶을 책으로?! 쓸 게 뭐가 있다고…. 아이, 됐어. 뭐 하러 해?"

엄마는 소스라치게 놀라며 고개를 좌우로 저었다.

엄마는 자신의 삶을 책으로 쓸 만한 가치가 없다고 생각했다. 책을 쓴다는 것은 마치 배움이 깊고 대단한 사람만이 할 수 있는 일이라는 단편적인 인식도 있었다. 물론 책을 쓰는 것은 쉽지 않은 일이지만, 나는 생각이 조금 다르다. 글을 쓰고 책을 출판하는 것은 일종의 소통 방식이다. 지인을 만나 앞에서 이야기를 말로 하는 것처럼, 이 책에 담긴 이야기가 전달하려는 대상을 앞에 두고 그저 우리의 이야기를 말 대신 글로 하는 것일 뿐이다. 남의 시선이 무엇이 중요한가. 얼마나 많은 사람이 읽고, 그들이 어떤 평가를 하는지는 중요하지 않다. 그저 우리의 이야기를 세상에 전달하는 것이다.

내가 엄마에 관한 책을 출판함으로써 기대하는 것은 이것이다. '엄마가 되기 이전의 삶을 이해하게 되면 지금의 모습을 더 온전히 이해할 수 있지 않을까? 그렇게 되면 나의 어리석은 현실 부정을 극복하고 엄마를 더 온전히 사랑할 수 있지 않을까?' 그러나 문제는 엄마가 본인의 삶에 대한 가치를 낮게 평가하고 있다는 점이었다. 이 책을 완성하기에 앞서, 적어도 엄마의 이야기를 솔직하게 듣기 위해서는 이 문제를 극복해야 했다.

'아! 그분도 이렇게 말했었지.'

내가 책을 쓰겠다고 다짐한 후, 출판 과정에 대하여 상담을 받았는데, 그때 그분은 나에게 이러한 이야기를 해주었다.

"저도 어머니 자서전을 쓰려고 했는데, 어머니께서 거부감을 느끼시더라고요."

상담해주던 분도 어머니 자서전을 출판하려고 했으나 나와 비슷한 이유로 어려움을 겪었다는 이야기였다. 같은 경험을 공유하며 어머니를 대상으로 인터뷰할 때 이 부분을 세심하게 신경을 쓰면 좋겠다는 조언도 함께 해주었다. 이 조언 덕분에 어느 정도 각오하고 이야기를 꺼냈지만, 엄마의 거부감은 내 예상을 뛰어넘었다. 가족을 위해 헌신했던 노고는 분명 존중받아야 할 부분임에도 불구하고, 이 정도의 거부감을 보일 줄은 몰랐다. 더욱 오기가 생겼다. 증명해 보이고 싶었다.

"엄마! 우리 책 한번 쓰자!"

며칠 동안 설득했다.

"아니, 엄마! 엄마의 삶은 정말 다채롭다니까! 엄청난 이야기가 될 거라고!"

 출근 전, 식사 중, 씻고 나서, TV를 보다가도 여러 번 엄마의 마음을 흔들었다. 내가 이 책을 쓰고자 하는 목적이 무엇인지, 그리고 당신의 삶이 얼마나 멋지고 아름다운지, 이 책이 필요한 이유를 반복해서 이야기했다. 결국, 기나긴 설득 끝에 엄마는 용기를 내었다. 물론 완전히 내키지 않은 반응은 지울 수 없었지만, 적어도 책을 쓰기 위한 여정에 오르기만 한 것으로도 다행이었다.

'내 기필코 이 책만큼은 완성하리라!'

나는 이 책의 의미를 증명하겠다고 다짐했다. 엄마의 삶이 얼마나 빛났고, 지금도 빛나고 있음을 보여주고자 했다. 나는 확신했다. 이 이야기가, 이 책이 훗날 엄마의 삶을 오래 기억하게 해줄 것이라고. 분명 엄마의 삶은 누군가에게 좋은 의미로 남을 수 있을 것이다. 더 늦기 전에 엄마가 자신의 삶을 돌아보며 의미를 찾고 가치를 높이며, 엄마의 삶을 아들인 내가 기억하고, 지금의 가족이 함께 추억하고, 미래의 내 가족에게 엄마의 이야기를 전달하고 싶다. 또한, 이 글을 접한 사람들에게 엄마의 이야기는 크고 작은 의미로 남을 것이며, 결국 엄마는 오래도록 세상에서 살아있을 수 있을 것이다.

05
불안 속의 이성과 죄책감

 2평 남짓한 근무지의 탈의실에 홀로 앉아 남몰래 펑펑 울었던 기억은 아직도 선명하다. 내가 어디에서 전화를 받았고, 어디에 앉아서 고개를 떨구었고, 어디를 향해 공허한 시선을 던졌는지. 아직도 생생한 영상으로 내 머릿속에 저장되어 있다.

 '어휴, 힘들어. 이것만 하고 얼른 나가야겠다.'

 나는 코로나 중환자실에서 간호사로 근무했다. 코로나바이러스에 걸리면 조만간 죽을 것처럼 초긴장하던 사회적 인식이 만연할 때부터 하루에 3만 명씩 감염자가 발생해도 누구 하나 놀라지 않던 시기까지, 대략 3년간 코로나와 함께하는 영광(?)을 누렸다. 나는 흰색 비닐 재질의 PPE(Personal Protection Equipment)를 입고 음압 격리실에서 업무를 했다. 이 보호복을 입고 일하면 일단 숨이 잘 쉬어지지 않는다. 바이러스를 차단하기 위해 착용하는 보호복이니 당연히 공기 순환도 원활하지 않았다. 무지하게 덥고, 같은 움직임이라도 체감상 에너지를 두 배 이상 소모하는 것처럼 느껴졌다. 피부 트러블은 덤이었다. 그래서 근무지에서는 한 번 들어갈 때 업무 수행 시간을 최대 2시간으로 제한하고, 일대일로 교대하며 환자 간호 업무를 수행하도록 했다.

  내게 주어진 간호 업무를 모두 마치고 간호사 스테이션으로 막 나오면서 말했다. "스읍, 하! 어후, 보호구를 입으면 숨 쉬는 게 진짜 너무 힘듭니다." 나는 격리실에서 나와 다음 차례인 근무자와 교대한 후 벅차오르는 숨을 고르며 스테이션에 앉았다. 2시간 동안 했던 간호 중재들을 기록하고, 다음 투입을 위해 투약 준비를 하고 있을 때였다. 징, 징, 징, 휴대전화 화면에는 '엄마'라는 글씨가 적혀있었다. 어릴 적부터 웬만하면 엄마 전화를 받으려 했기에, 잠시 동료 근무자에게 양해를 구하고 탈의실로 들어갔다. "어, 엄마 전화했네."

  "승희야, 전화 가능해? 할 얘기가 있어서…" 목소리가 꽤 심각하고 무거웠다. 약간의 떨림까지 전화기 너머로 전해져왔다. 우리 집은 어릴 적부터 늘 사건, 사고가 연속이었기에, 나는 이런 전화를 받을 때면 가슴이 철렁하고 순식간에 불안해지곤 했다. 애써 태연한 척 노력하지만 쉽지는 않다. 일종의 트라우마랄까. 엄마의 목소리는 처음에 떨리다가 점차 울먹이는 목소리로 변해갔다. 당장이라도 울 것 같은 어머니를 진정시키며 통화를 이어갔다. "뭐야, 엄마, 왜 그래? 심각한 거야? 괜찮으니까 말해." 불안하고 가슴이 두근거리기 시작했다. 그 이후에도 짧지 않은 시간 동안 침묵이 이어졌다. 점점 커지던 나의 불안감을 폭발시킨 것은 가까스로 어머니의 입에서 나온 말 한마디였다. "미안해, 승희야…."

뭐지? 대뜸 사과라니. 역시 간단한 문제가 아니었다. "뭐가 미안한데…? 얼른 말해봐. 괜찮으니까 얼른."

두근두근. 심장 박동수는 점점 더 빨라졌다. 평소 나의 심박수는 1분에 60회 정도였는데, 그때 나는 아무리 낮게 잡아도 100회 이상은 뛰었을 것이다. 괜찮으니까 말해달라고 차분히 말했지만 사실 괜찮지 않았다. 불안한 나 자신을 스스로 속이고 있다는 것도 자각하고 있었다. 듣고 싶지 않았다기보다는 듣기가 너무 두려웠다. 심지어 그 짧은 시간 동안 '얼마나 무거운 현실이 다시 나에게 주어질까?'라는 생각도 들었다. "엄마가 미안해…. 흑흑…."

"뭐가 미안한 거야 엄마?"

"엄마가 폐암이래."

"폐암? 폐암이라고?"

잠깐의 정적이 찾아왔다. '아, 조금 더 마음을 단단히 하고 들을걸.' 이내 속으로 후회가 밀려왔다. 철렁함을 넘어서 정신이 뒤집힐 것 같은 느낌이었다. 초점도 흐려졌다.

'폐암? 우리 엄마가 폐암?'

머릿속에는 부정인지 의문인지 알 수 없는 물음표가 하나둘 빠른 속도로 늘어갔다. 통화가 길어지면 물음표로 가득한 내 머릿속을 들킬 것 같았다. 그 전에 해야 할 얘기를 최소한으로 나누고 얼른 전화를 끊어야겠다고 생각했다.

"엄마 괜찮아? 진정하고 조금 더 자세히 말해봐."

다시 한번 어머니를 진정시켰다(사실 나를 진정시켰다). 언제 검사를 받았는지, 진단을 받은 것인지, 몇 가지 질문을 이어나갔다. 'ㄱ'병원에서 진료가 예정되어 있다는 사실과 해당 날짜를 확인하고, 근무 중이니 일을 마치고 다시 연락하겠다는 말을 끝으로 전화를 끊었다.

'엄마가 폐암이라니, 왜 나한테 또 이런 시련이…'

「58세 : 첫 진단」

일을 시작하기 전, 가장 먼저 하는 것은 특수복으로 갈아입는 일이었다. 감염병 환자를 간호했기 때문에, 눈에 보이지 않는 오염원이 병동 밖으로 유출되지 않도록 감염 관리가 필요했다. 옷을 갈아입는 탈의실은 두 평 남짓한 직육면체 공간이었다. 전화를 끊고, 나는 그 탈의실 구석 중 가장 아늑해 보이는 곳을 골라 쪼그려 앉았다. 초점이 풀린 두 눈으로 정면을 응시했지만, 정신은 다른 공간에 홀로 떨어져 있는 듯한 기분이었다. 분명 내 두 눈은 멀쩡히 떠 있었고, 여기는 늘 옷을 갈아입던 익숙한 탈의실인데, 모든 것이 현실적이지 않게 느껴졌다. '이거 진짠가…? 꿈은 아니겠지?' 혼자 생각에 빠지며, 영화에서나 보던 것처럼 살을 꼬집고 뺨을 때리기도 했다. 그렇게 30분쯤 지났을까, 나 자신조차 불쾌하게 여길 정도로 많은 생각과 감정들이 꼬이고 얽히기 시작했다.

'이거 진짜인가…, 꿈은 아니겠지?'
'우리 엄마 어떡하지.'
'폐암 5년 생존율이 얼마나 됐더라?'
처음에 떠오른 생각들은 엄마에 대한 걱정이었다. 하지만 이내 머릿속 생각들은 현실적인 영역까지 빠르게 번져 갔다.
'항암제 엄청 비쌀 텐데, 비용은 어떻게 감당하지?'

'모아 둔 돈이 있나?'
'그러니까 내가 몇 번이나…'
'어디 병원으로 가야 하지?'
'엄마가 만약 돌아가시면…'

 나의 MBTI는 16가지 유형 중 확실한 ENTJ이다. MBTI 검사를 할 때마다 이성적인 성향을 뜻하는 T와 계획적인 성향을 뜻하는 J가 거의 90% 가까이 나왔다. 즉, 나는 이성적이면서 계획적인 사람이라는 것이다. 이는 상황에 따라 칭찬을 받기도 하지만, 소중한 사람과 인간관계를 맺을 때 상처와 아픔을 주기도 한다. 나는 미래에 발생할 상황에 대해 병적으로 예측하고 대비하려는 습관이 있다. 어릴 적부터 다툼이 많았던 집에서 눈치 하나로 살아남았던 과정의 결과다. 나는 이를 고된 성장 과정의 보상이자 삶을 위한 신의 선물이라고 생각하려고 했다.
 하지만, 이것은 때때로 양날의 검이 되었다. 잘만 이용하면 강력한 무기가 될 수 있지만, 미래에 대한 과한 집착이 나를 잡아먹곤 했다. 심지어 주변 사람들에게 불안감이나 부담을 주기도 했다.
 나는 엄마가 폐암에 걸렸다는 이야기를 듣고도, 다가올 현실적인 문제를 걱정하는 스스로에게 많은 혐오감을 느꼈다. '넌 진짜 잔인하게 이성적이구나…' 검색 기록에 남은 '항암제 가격', '급여와 비급여 가격 차이'를 보면서 잔인하도록 냉정한 인간이라고 혼자 생각했다. 폐암에 걸렸다는데, 엄마가 죽을지도 모른다는데 항암제가 얼마인지 생각한다니. 이런 불효자가 있나. 그런데 이 글을 쓰고 있는 지금은 이러한 행동과 생각들도 자연스러운 것임을 안다. 혹여 비슷한 상황에 놓인 가족들도 생활비, 병원비 등 현실적인 부분을 고려하고, 걱정하는 것에 죄책감을 느끼고 있다면, 그렇지 않아도 된다고 분명히 말해주고 싶다(나의 다짐이기도 하다).

근무가 끝나고 숙소에 도착하자마자 모든 짐을 내려놓고 의자에 털썩 앉았다. 한두 시간을 멍하니 보냈다. 갈 곳을 잃었던 나의 시선과 의식은 퇴근 후 두 시간이 지나서야 진정이 되었다. 나는 생각을 멈추었다. 오직 한 가지만 생각하려고 했다. '내가 가장 먼저 해야 할 것과 지금 당장 할 수 있는 것은 무엇일까.' 아직 확실한 진단을 받기 전이었지만, 거의 암일 가능성이 높다고 생각하고 행동했다. 우선 폐암에 관해 정확히 알아야겠다고 생각했다. 폐암에 대해서는 의사만큼 많은 정보를 알아야겠다고 다짐했다. 진료 지침, 논문, 유튜브 영상 등 여러 매체를 통해 가능한 한 많은 정보를 모았다(만약 주변에 암을 진단받은 소중한 사람이 있다면 그 암에 관한 진료지침이나 논문을 찾아 깊이 공부하는 걸 추천한다).

<공부했던 자료들>

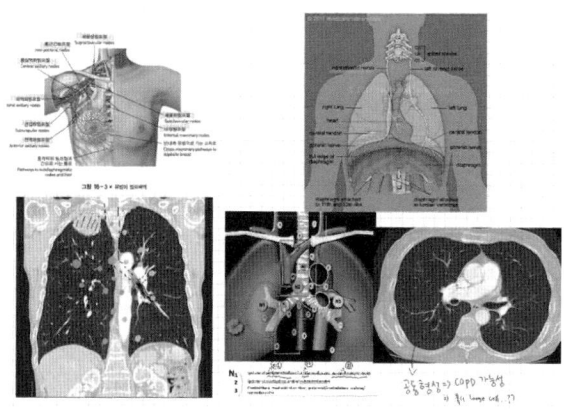

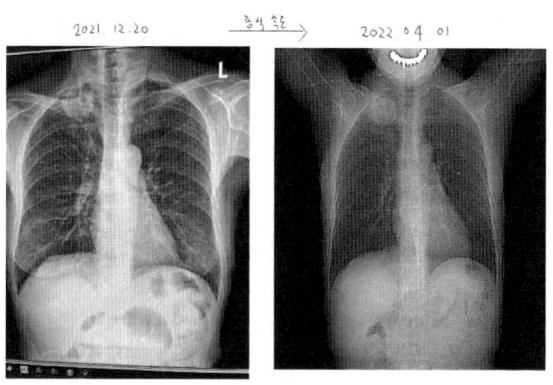

빠른 증식을 확인할 수 있음

invasion 소견

~ pleura, subclavian artery

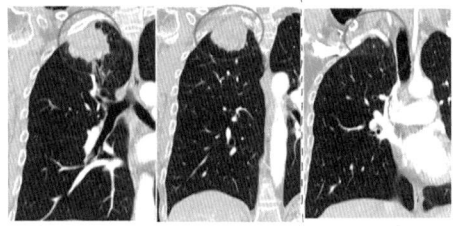

자세히보면 2번째 사진은 tumor의 경계가 미세하게 나마 보이지만, 1번째 사진은 경계가 명확하지 않다.
→ 흉벽에 invasion 됐다는 의심할 수 있음

저기 뒤에이 쇄골하동맥이대 다행이 침범하는데는 아니지만 거리가 가깝다.

전체적인 해석 결과

- RUL cyst , probably cancer (pancoast cancer)
→ 만 57세, 여성 나이 많지 않음. 기관지 침범하지 않고 기관지에 따른게 아니라 'adeno' 가능성. but , 1갑년 40년 가까이 흡연력 과거(S.C carcinoma??) CPA 비교하니 진행속도가 빠름. 덩어리져있음.
→ large cell 가능성 배제못함….

- invasion 가능성 → 흉벽, 골, 쇄골하동맥

- pancoast syn 없음. 신경학적 증상 없음 → nerve 침범 가능성 낮음

- 통증 없고 effusion 없어서 아직 흉벽 침범하지 않는 것에 대한 기대 할 수 있음. 하지만 경계가 명확하지 않음.

- CT상 주기관지에 가까이 있음.

- CT상 공동형성 보이고 술통형흉곽을 보여서 COPD로 가고 있는 듯 하다.

예상할 수 있는 치료과정

1. 조직검사 결과에 따라 조직 특성파악 후 적절한 항암치료&방사선치료 계획
→ 예상 병기를 생각하면 항암 방사선 무조건 한다.
→ 수술전 선행항암&방사선으로 종양의 크기를 줄이고 수술을 할 수 있겠다.
→ 표적치료가 잘되어있지만 선암일경우에 잘되는 편이다.

2. pet CT, brain MRI 촬영을 통해 전이 확인해야함
→ 전이가 심할경우 수술이 의미가 없다는 판단을 할 수 있다.
→ 하지만 폐 종양이 커서 수술 할 수 있겠다.

3. 수술
→ 완전절제가 가능하길 바라겠지만 tumor가 너무 크고 흉막 침윤이 얼마나 되어있느냐, 기관지에 얼마나 가깝느냐 등 파악이 필요함.
→ 수술전 MRI 검사를 통해 정확한 침윤정도를 확인할 수 있음
→ 가장 좋은 경우 상엽만 절제하고 끝나는것, 그렇지 않다면 경우에 따라 중엽까지 bilobectomy, 혹은 폐문까지 다 침범했다면 전절제술하거나 최대한 절제하고 기관지 연결시킬 수 있겠다
→ 수술은 최대한 흉강경으로... 제발

4. 이후 항암&방사선 치료 지속하며 검사를 통해 치료효과를 평가함(이것의 반복)

5. 전이가 가장 무섭다. 어디로 전이가 되는가에 따라 어떤치료가 추가될 지 모른다.

그렇게 얻은 정보들로 엄마의 영상 자료와 비교했다. 노트북 앞에서 살다시피 했다. 이때가 가장 힘들었다. 잠을 제대로 자지 못하고, 밥을 잘 먹지 못해 몸에 힘이 없었다든가 하는 것들을 말하는 것이 아니다. 그런 것들은 당연했다. 이보다 더 최악이었던 것은, 폐암에 대한 지식이 늘어날수록 엄마의 현재 상태가 어떠한지 점점 구체적으로 예상할 수 있다는 사실이었다. 지식이 하나씩 쌓일수록 괴로움은 커졌고 멈출 수가 없었다. 무엇이라도 해야 내 불안이 조금 진정되었다. 폐암 수술 과정, 논문에 나와 있는 최신 지견, 임상 연구에 참여한 환자들의 생존 중앙값, 다른 환자들의 투병 과정을 담은 글들을 읽을 때마다 눈물이 흘러내렸다. 그 작은 숙소에서, 그 노트북 화면 앞에서 엄마의 영상 자료를 수없이 돌려보며, 수없이 현실을 부정하기도 했으며, 수없이 좌절했다.

어느 정도 머릿속에 폐암 정보가 쌓이자, 엄마가 어떤 암에 걸렸는지, 어떤 병기를 받게 될지 여러 가능성을 가늠할 수 있었다(실제로 내가 예상했던 암세포의 종류와 병기, 치료 과정들이 예측대로 흘러갔다). 영상 자료에서 확인된 암의 크기는 무려 40mm 이상이었다. 위치도 빗장뼈(쇄골) 밑 부근이라 뼈나 흉막에 침범했을 확률이 매우 높았고, 그렇게 되면 전이 확률도 높아지고 예후도 좋지 않다. 다행인 것은 증상이 없었다는 점이다. 그것이 나에겐 유일한 희망이었다. 암이 어떠한 형태를 띠는지에 따라 수술 전 항암·방사선 치료를 먼저 받고 수술을 하기도 하고, 수술 후 항암·방사선 치료를 시행하기도 한다. 환자의 건강 상태에 따라 항암·방사선 치료를 동시에 진행할 수도, 각각 따로 할 수도 있다. 안타깝게도 암세포가 작고 여러 군데 퍼져 있는 소세포폐암의 경우처럼 수술 자체가 불가능한 상황도 있다. 나는 가능하다면 수술을 원했다.

06
첫 진료의 좌절

　엄마는 대학병원의 호흡기내과에서 첫 진료를 받기로 했다. 이 진료는 엄마가 암일지도 모른다는 말을 듣기 전에 동네 병원에 먼저 잡아 둔 것이었다. 암 소견을 받은 후 대학병원에 예약한 첫 진료는 마치 사형 선고를 앞둔 듯한 최악의 기다림이었다. 나조차 힘든 상황이었으니, 당사자인 엄마의 마음은 오죽했을까. 엄마는 내 앞에서 괜찮은 척, 나름 태연한 척하려 애썼다. 그러나 진료일이 다가올수록 불안감은 감출 수 없었다. 목소리에는 미세한 떨림이 묻어있었고, 가끔 멍해지는 눈빛이 내 마음을 아프게 했다. 그 눈빛 너머에 어떤 생각이 가득할지 걱정이 되기도 했다.

　엄마를 생각할 때마다 정신을 바짝 차렸다.
　'나는 정신 차려야 해.'

극복하겠다는 생각은 하지 않았다. 그저 내가 해야 할 일에 집중했다. 하루하루가 비슷하게 지나갔다. 근무 전후로 운동을 했고, 남은 시간에는 폐암에 관해 공부하다가 시간이 되면 잠을 잤다. 평소에도 운동을 자주 하긴 했지만, 그 어느 때보다 운동의 중요성을 실감했다. 주로 기구를 이용한 무산소 운동을 즐겼지만, 이 시기에는 종목을 달리기로 바꿨다. 복잡한 생각에 휩싸이거나 정신적으로 무너질 때면 운동화를 신고 곧장 밖으로 나갔다. 공부하다가 눈물이 쏟아질 때도, 자다 깨서 앞날이 아득하게 느껴질 때도 무조건 운동화를 신고 나갔다.

내가 살았던 곳은 병원 바로 근처에 있는 1인 숙소였는데, 병원 초입에서 숙소까지 가는 길이 꽤 가파른 언덕이었다. 처음 이 병원에 방문할 때 버스 정거장 하나를 앞서 내린 적이 있었는데, 숙소로 걸어가는 길에 땀을 한 바가지 흘리며 '아니, 이놈의 병원은 오다가 죽겠네.'라고 투덜댔다. 이 오르막은 엄마가 폐암을 진단받은 후 나의 주된 러닝 트랙이 되었다. 이 오르막을 냅다 달리는 것이 좋았다. 뭐랄까, 달리는 것만으로도 성취감이 느껴졌지만, 오르막을 달려 올라가면 나 자신을 이겨냈다는 기분이 더 강하게 들었다. 근무, 운동, 공부. 매일 이 세 가지를 반복하다 보니 어느새 진료일 전날 밤이 찾아왔다. 엄마한테 전화를 걸었다.

"어, 엄마, 자고 있었어?"
"아니, 아직 안 자."
"내일 진료잖아…. 맞지?"
"그치. 내일이야, 진료."
"ㄱ병원 후문 앞에서 만나. 올 수 있지? 히히."
"당연히 갈 수 있지. 그걸 왜 못 가! 참, 내일 봐."
"응, 내일 봐, 엄마. 잘 자."
평소와 같지만, 평소 같지 않았던 통화를 끊고 눈을 감았다.

아침이 밝았다. 서둘러 준비를 마치고 엄마의 진료를 위해 병원으로 향했다. 터벅터벅. 걸음이 무거웠는지, 아니면 두려움이 발걸음까지 침범했는지, 이날의 발걸음 소리는 유독 크게 들렸다.
"삑- 승차입니다."
내가 좋아하는 창가 쪽 자리에 앉아, 지나가는 풍경을 멍한 눈으로 바라보았다. 병원에서 지하철을 타려면 버스를 먼저 타고 항상 공원을 지나쳤다. 내가 운동하거나 힘들 때마다 달렸던 그 공원이다. 이곳은 날씨가 조금만 좋아도 나들이를 나온 가족들로 가득했다. "행복해 보이네." 멍하니 그들을 보며 혼자 중얼거렸다. 그 순간, 세상은 결국 각자의 삶을 살아간다는 사실을 깊게 느꼈다. 나와 저들은 10미터 정도 떨어져 있지만 상황은 너무나 대조되었다. 나만 흑백으로 보이는 느낌. '세상은 잔인할 만큼 냉정하네!'라는 생각이 들다가, 점점 흑화되고 있는 나 자신을 자각하고 얼른 이어폰을 끼고 음악을 틀었다.

"이번 정류장은 'ㄱ'병원 앞, 'ㄱ'병원 앞입니다. 내리실 문은 오른쪽입니다."

긍정적인 생각과 부정적인 생각이 번갈아 오가는 사이 어느새 병원 앞에 도착했다. 병원 앞에서 엄마를 만났을 때, 엄마의 표정은 평소와 다르게 유독 어두웠다. 늘 내 얼굴만 보면 눈부신 미소를 보여주던 엄마였지만, 이날은 작은 미소조차 찾아볼 수 없었다. 입술은 무겁게 닫혀 있었고, 밝은 눈빛 대신 슬픔이 가득 차 있는 듯했다. 당연한 일이겠지만. 우린 서로의 손을 꽉 잡았다. 둘 다 말은 없었지만, 그 손만으로도 서로의 마음을 연결하기에 충분했다. 우리는 서로의 손을 꽉 잡은 채 진료실로 걸음을 옮겼다.

"정현숙 님, 들어오세요~"

간호사가 엄마의 이름을 불렀다. 우리는 그 부름을 따라 진료실로 들어갔다. 여전히 손은 꽉 잡고 있었다. "안녕하세요, 선생님." 엄마는 진료실로 들어가자마자 허리를 깊이 숙이며, 간절하고 떨리는 목소리로 인사했다. "네, 안녕하세요. 정현숙 님. 우선 음… 이게 정확한 검사 결과가 나오지 않아서 확답을 드리기는 조심스럽지만, 가능성이 높아 보입니다. 다만 검사 결과가 나오기 전까지는 아무도 모르는 일이니 너무 낙담하지 마세요." 의사가 차분히 말했다. 엄마는 내 손을 더욱 힘주어 잡았다. 나는 다른 손으로 엄마의 손등을 조심스럽게 감쌌다. "우선 정확히 진단하려면 조직 검사가 필요합니다. 그러려면 입원하셔야 해요. 3일 정도 걸릴 겁니다." 의료라는 것은 중요한 책임을 지니고 있고, 그만큼 예민한 부분이기에 의사는 정확한 근거 없이는 가능성이나 여지를 남겨두는 경우가 많다. 특히 이번처럼 중대한 사안이라면 더욱 그렇다. 의사가 '이건 암입니다!'라고 99% 확신하더라도, 정확한 근거 없이는 진단을 내릴 수 없다.

"선생님, 이게 아직 암인지 정확히 모르지만, 앞으로의 계획을 세우기 위해 몇 가지 질문을 드리고 싶습니다."

"네, 물어보세요."

"만약, 이것이 암이라면 교수님께서 예상하시는 이후의 진료 계획은 어떻게 될까요? 수술이 가능할까요?" 나는 그간 궁금했던 내용을 정리한 질문지를 꺼내어 중요도 순으로 질문하기 시작했다.

"제가 암이라고 말씀드리는 것은 아닙니다. 보호자께서 의료인이라니 설명해 드리겠습니다. 아마 바로 수술은 힘들 것 같아요. 암세포가 너무 큽니다. 4.5cm입니다. 작은 크기는 아니거든요." 암의 병기를 나누는 기준에는 종양의 크기도 포함되는데, 이 정도의 크기는 큰 편에 속한다.

"치료를 시작하게 된다면 항암 방사선을 먼저 해서 크기를 줄인 뒤 수술하는 방법이 있는데, 아마 그렇게 진행되지 않을까 싶어요."

역시나, 큰 기대를 했던 것은 아니었지만, 수술을 당장 할 수 없다는 말을 직접 들으니 마음이 무거웠다. 그래도 수술 자체가 불가능한 상황은 아니라는 말에 그나마 위안을 삼을 수 있었다. 진료를 마치고 약 7일 뒤, 엄마는 3일간 입원해 조직 검사를 받았다.

"엄마, 조직검사 잘 받았어?"

"당연히 잘 받았지! 막 크게 아프지도 않던데!"
전화기 너머로 밝은 엄마의 목소리가 들렸다.

나는 근무 때문에 조직 검사 당일에 함께하지 못했다. 걱정스러운 마음에 전화를 걸었지만, 엄마의 밝고 힘찬 목소리를 듣고 안도했다. 아마 엄마는 내 걱정을 덜어주려고 애쓴 것일지도 모른다. 몇 마디를 더 나누고 전화를 끊었다. 나는 진료 마지막 날에 휴가를 내고 병원으로 향했다. 검사 결과가 당장 나오지는 않겠지만, 궁금했던 것들을 담당 의사에게 질문하고 상담받고 싶었다. 사실 병원에 대한 불만도 있었다. 엄마는 입원 당일과 조직 검사 전후 모두 담당 의사를 만나지 못했다. 진료를 보던 교수님이 건강이 악화되어 임시로 교체되었다는 것이 이유였다. "간호사 선생님, 드릴 말씀이 있습니다." 건강 악화로 인한 담당 의사의 교체는 어쩔 수 없는 일이지만, 조직 검사를 위해 짧게 입원했더라도 적어도 한 번은 담당 의사가 회진해야 한다고 생각했다. 나는 이러한 불만과 면담 요청을 담당 간호사에게 전하고 병실 앞에서 하염없이 기다렸다.

"보호자분, 저기 담당 선생님 오셨네요."
내 불만을 들었던 담당 간호사가 복도의 한쪽을 가리키며 말했다. 저 멀리 인턴과 레지던트를 데리고 회진하는 담당의가 보였다. 사전에 간호사에게 아침 회진 시간을 확인하고 30분 일찍 도착했는데도, 2시간이 지나서야 임시로 교체된 담당의를 만날 수 있었다. 나는 미리 준비해 간 질문들을 우선순위에 따라 정리하며 기다렸다. 그런데 병실까지 들어와서는 회진을 하지 않고 그냥 지나치려는 것이 아닌가. 나는 급히 지나쳐 가는 담당의를 불러 세우고 정리해 온 자료를 보여주며 질문을 드렸다. 하지만 돌아오는 대답은 임시로 교체된 상황이라 환자 상태를 잘 알지 못하고, 지금 진료가 밀려 질문을 받을 시간이 없다는 것이었다. 결국, 퇴원하는 날까지도 경과에 대한 설명은 간호사에게만 들을 수 있었고, 담당 의사를 단 한 번도 만나보지 못했다. 나는 이 일을 계기로, 검사 결과만 확인한 뒤 다른 병원으로 옮기기로 마음먹었다.

07
행복과 불행은 딱지와 같아서

 누나는 내 전화기에 '누우나아'라고 저장되어 있다. 단순히 '누나'라고 저장하기엔 어색한 사이가 드러날 것 같아, 글자마다 모음을 덧붙여 귀여움을 부여하고자 했다. 내 핸드폰에 그런 '누우나아'가 뜨는 일은 거의 없어서, 가끔 그 이름이 화면에 나타나면 순간 멈칫하게 된다. 지금까지 경험상 거의 100%가 '목적성' 전화였기 때문에 '누우나아'에게서 전화가 오면 자연스럽게 '무슨 일일까?'라는 생각부터 든다. 이번에도 근무 중 휴대폰이 진동했다. 화면에는 '누우나아'라는 글자가 큼지막하게 떠 있었다.
 "어, 누나."
 "야, 너 시간 언제 가능해? 여행 갈 수 있어?"
 "… 여행?"

평소에는 거의 연락이 없는 누나가 갑자기 전화를 걸어와 여행을 가자고 제안한 것이었다. 갑작스러운 제안에 당황스러웠고, 가족 여행에 대한 기억이 거의 없던 나로서는 더욱 그랬다. '갑자기 여행?'이라는 생각이 잠깐 스쳐 지나갔지만, 이 제안이 단순한 것이 아님을 곧바로 알아차렸다. "여행? 가능하지. 최대한 빨리 가자." 담담하지만 확고한 목소리로 대답했다. 평소 휴가를 아끼는 편이라 여행을 위해 시간을 내는 것은 어렵지 않았다. 하지만 3교대 근무를 하는 간호사로서 내가 휴가를 내면 그 빈자리를 동료들이 채워야 하는 고충이 있다. 그럼에도, 팀장은 사정을 이해해 주었고, 내가 휴가를 다녀올 수 있도록 일정을 조정해 주었다.

"우리 친할머니도 보고 오면 안 되나? 고모할머니도 보면 좋고…."

이번 여행에서는 엄마가 만나고 싶던 분들을 전부 찾아뵙기로 했다. 가능한 한 많은 사람을 만나려는 엄마의 마음 한편에는 어떤 두려움이 숨어 있는지, 어렴풋이 짐작할 수 있었다. 그리고 우리는 여행을 떠났다. 원래 그렇지 않은가. 보통 여행을 떠난다고 하면 설레는 마음에 전날 잠을 잘 이루지 못하거나, 출발 당일 아침이면 들뜬 기분으로 눈을 뜨기 마련이다.

그러나 이번 여행은 출발하기도 전부터 알 수 없는 두려움이 가득했다. 여행 짐을 싸려고 캐리어를 펼칠 때마다, 옷가지와 물건으로 캐리어의 빈공간이 채워질 때마다 내 마음도 묵직해졌다.

엄마는 먼저 대구에 계신 친할머니를 찾아뵈었다. 그다음에는 제주도로 넘어가 고모할머니를 만났다. 3박 4일의 제주도 여행에서 우리는 시간의 대부분을 고모할머니와 함께 보냈다. 친할머니와 고모할머니, 두 분은 아버지가 돌아가신 후 처음 만나는 것이었다. 나도 그랬지만, 그 두 분을 만나는 엄마의 심정은 매우 복잡했을 것이다. 할머니를 뵈었을 때 엄마의 표정, 그리고 그런 엄마를 맞이하는 할머니의 표정, 모든 것이 예전과는 다르게 느껴졌다. 나는 그 모습을 멀리서 지켜보았다. 그들의 표정과 태도에서는 감사함, 연민, 미안함, 그리고 과거에 대한 슬픔과 후회 등 다양한 감정이 느껴졌다.

'엄마는 어떤 감정을 느끼고, 무슨 생각을 하고 있을까…?' 궁금했다. 어머니는 자신이 암일 수 있다는 사실을 일절 비밀에 부쳤다. 그 사실은 오직 누나와 나, 그리고 엄마 본인만 알고 있도록 했다. 그 사실을 아는 채로 엄마를 옆에서 지켜보는 것은 새로운 고통이었다. 엄마는 할머니와 헤어질 때 펑펑 울었고, 친할머니는 무슨 영문인지 몰라 당황해하며 그런 어머니를 토닥여줄 뿐이었다. 나는 엄마가 어떤 마음으로 우는지 전부 헤아릴 수는 없었지만, 조금은 이해할 수 있었기에 지켜보는 것만으로도 마음이 아렸다. 엄마가 흘린 눈물에는 분명 많은 감정이 담겼을 것이다. 지난 자기 삶에 대한 허망함, 곁에 없는 남편에 대한 원망과 죄책감, 그리고 미안함. 친할머니에 대한 죄송함까지. 앞으로 어떻게 될지 모르는 불안함과 불확실한 미래가 겹쳐 복합적으로 얽힌 듯 보였다. 물론 이렇게 바라보고 생각하는 나도 정확히 알지 못한다. 그저 그렇겠거니, 엄마의 감정을 조금이라도 공감하려고 노력할 뿐이다. 모든 것은 본인 당사자만이 알 테니.

아마도 이때가 책 제목처럼 다른 차원에서 엄마를 지켜보며 총체적으로 이해하려고 했던 시작이었을 것이다. '이제야 당신을 배웁니다'의 발단이라고도 할 수 있겠다. 이때부터 나는 한 발짝 떨어져서 엄마를 지켜보며 인간적인 사연을 가진 드라마 주인공을 응원하는 열렬한 팬이 되었다. 이번 여행의 의미는 굳이 설명하지 않아도 짐작할 수 있을 것이다. 너무나도 특별한 여행이었고, 모든 순간이 귀하고 소중했다. 동시에 엄청 무겁기도 했다. 새벽에 잘 보이지 않던 바다를 보며 이런 생각을 한 적이 있었다. '저기가 바다인데, 왜 여기가 바다 같을까.' 한편으로는 '저기 저 관광객들에게 우리는 평범한 여행객이겠지.'라는 생각도 들었다. 세상은 함께인 것 같으면서도 지극히 각자의 삶이라는 것을 다시금 느꼈다.

그럴 가능성이 없기를 간절히 바라지만, 이때 여행을 대하는 나의 태도에는 '정말 어쩌면 이번 여행이 마지막이 될 수 있겠다….'라는 두려운 예상도 스며들어 있었다. 아마 이러한 부분은 나뿐만 아니라 누나, 그리고 엄마도 마찬가지였으리라.
"엄마! 이번 여행 진짜 잘 온 것 같지 않아?"
"그렇지! 너희와 함께 와서 더 좋지!"
여행 기간 내내 너무 행복했다. 동시에 그 행복에 상응하는 만큼 좌절하고 절망하기도 했다. 행복과 절망을 수없이 반복해서 오갔다고 할까. 끝이 있을지 모르는 행복은 불행으로 다가오기도 했다. 엄마와 함께 맛있는 빵을 먹으면서도 생각했다. 재미있는 체험을 함께할 때도, 너무나 예쁜 밤하늘의 별을 볼 때도, 일출과 바다 위에 흩뿌려지는 윤슬을 함께 보면서도 생각했다.

'아, 너무 행복하다. 다음에도 이런 기회가 있을까?', '이번이 마지막이면 어떡하지?' 행복하다가도 이런 생각이 들면 그 모든 행복은 한순간에 불행으로 뒤집혀 눈물을 터뜨렸다. 이때 나는 행복과 슬픔에 대해 가장 깊이 경험했다. 계기는 좋지 않았지만, 지금이라도 함께 여행을 다닐 수 있으니 다행이라 생각했다. 하지만 동시에 가슴이 찢어지는 듯 아팠다. 평소 경험해 보지 못한 상황과 감정이라, 나는 적잖이 당황했다. 행복하지만 너무나 불행했던 그 복잡한 감정의 오감은 나를 더욱더 괴롭게 만들었다. 가족여행을 다녀오면서 느꼈던 감정 중 가장 어려웠던 것은 앞서 이야기했던, 행복과 슬픔의 경계였다.

「딱지치기

끝이 있을지 모를 행복을 느끼는 일은
같은 크기의 슬픔을 느끼는 것과 같다.

끝이 있는 행복은 마치 딱지와 같아서
앞면, 뒷면을 넘기듯 한없이 행복하다가도
한순간에 슬픔으로 뒤집힌다.

뒤집히는 과정이 꽤 괴롭지만
슬픔을 피하고자 행복을 거부할 수 없기에

웃다가도 울고, 울다가도 웃는
우스꽝스러운 모습으로
양극의 감정 사이를 극적으로 오가며
혼을 태우는 듯한 심연의 괴로움을 경험한다.

끝이 다가올수록 소중해진 행복에 비례한
슬픔의 크기를 감당키 어려워
어떠한 감정도 느끼지 않으려고 하는구나.」

아버지가 돌아가신 후, 자아가 흔들릴 때면 나는 항상 책을 읽거나 시, 수필을 쓰곤 했다. '딱지치기'라는 시는 엄마와 여행하던 당시 홀로 새벽에 나와 썼던 시였다. 행복한 만큼 순식간에 불행해지는 것을 느끼며 사랑과 행복에서도 많은 책임이 따른다는 것을 알게 되었다. 엄마와 여행을 다니며 감정이 더 깊어지는 만큼 가슴이 아파지니, 엄마를 더 깊이 사랑하고자 노력하는 것조차 두려웠다(지금은 아니다). 이 글을 쓰면서 옆에서 깔깔대며 웃고 있는 엄마를 봤다. 퇴근하고 현관문을 열면, TV를 보다가 웃는 얼굴로 나를 휙 돌아보는 엄마의 모습을 마주했다. 정말 아픈 사람 같지 않은 엄마를 보면 다행이라는 생각이 들고 안심됐다. 심지어 당시 내가 하는 걱정들이 무의미해지는 것 같기도 했다.

  제주 여행은 순식간에 지나갔다. 이때의 제주는 우리에게 참 좋은 추억을 선물해 주었다. 에메랄드빛의 바다로 시작해서, 높이가 까마득해 웅장한 느낌을 주는 절벽, 배 위에서 온몸을 감싸는 시원한 바람, 천사들의 길인 듯 반짝거리는 구름 사이로 내려오는 빛, 해변을 제주답게 만들어주는 화강암 무리와 그 옆에 쌓여있는 크고 작은 돌탑들까지. 정말이지 제주만의 재주였다. 이래도 되나 싶을 정도로 많은 아름다움이 우리를 기다리고 있었다. 그중에서도 가장 기억에 남는 것은 예쁜 장소마다 항상 우리를 반겨주던 크고 작은 돌탑들이었다. 엄마와 누나는 그런 돌탑을 마주할 때마다 밝은 목소리로 '돌탑이다!'라고 외치며 옆에 작은 돌탑을 다시 만들거나, 이미 쌓인 돌탑에 작은 돌을 하나 더 얹었다. 그리고 계속해서 소원을 빌었다.

  이름 모를 어느 해안가에서 우리는 우연히 발견한 길을 따라 풀숲을 지나, 해안에 도착했다. 이미 높이 쌓여있는 돌탑들이 여러 개 있었고, 우리는 그중에서도 가장 큰 돌탑 앞에 멈춰 섰다. 나는 홀린 듯 예뻐 보이는 돌을 하나 얹었다. 엄마도 나를 따라 돌을 얹었다.

"그동안 많이 잘못했습니다. 앞으로 행복하게 잘 살게요. 도와주세요."

돌을 하나씩 얹으며 간절한 소원을 담았다. 내가 지금껏 들었던 소원 중에서 가장 슬프고 처절하면서도 아름다운 소원이었다. 돌을 얹을 때 덜덜 떨리던 손과 팔이 아직도 생생하게 기억난다.

"우리 애들하고 함께 흑흑…. 많이 도와주세요…."

08
전원에서 수술까지

 간호학을 전공하고 일하면서 느낀 점은, 치료를 위한 첫 진료 계획이 매우 중요하다는 것이었다. 특히 암 치료에서는 더욱더 그러했다. 초기 단계에서 환자의 상황에 맞게 진료 계획을 세우고 적절한 치료를 마련하는 것이, 예후에 큰 영향을 미친다고 배웠다. 대부분의 진료에는 가이드라인이 있지만, 결국 이는 참고용일 뿐, 진료 방식과 치료 계획은 교수마다 다르다는 것을 실감했다. 코로나 중환자실에서 근무하며 또 하나 깨달은 것은, 의료에는 정답이 없다는 것이다. 솔직히 아무도 모른다. 지금 하는 치료가 정답인지, 아니면 더 나은 치료 방법이 있었는지. 인공지능이 발전하고 인간이 인체를 완전히 이해하는 날이 온다면, 정답에 가까운 치료 계획을 세울 수 있을지도 모르겠다.

어쨌든 중요한 것은, 앞서 말한 진료에서 환자와 보호자는 대개 의사의 결정을 믿고 따를 수밖에 없다는 점이다. 그래서 보호자인 나는 어떤 병원에서, 어떤 교수님에게 치료받는 것이 최선일지를 고민하고 결정할 수밖에 없었다. 엄마가 중증 질환에 걸렸을 때, 내가 할 수 있는 일은 병원 선택을 도와주는 것뿐이었다. 그로 인해 무력감을 느끼기도 했다. 엄마와 나는 많이 고민했다. 엄마가 항암 치료를 주로 받아야 한다면 집과 가까운 병원이 좋겠지만, 나는 엄마의 상태에 맞춰 수술해 줄 수 있는 흉부외과 전문의를 찾고 싶었다. 그래서 집에서 멀더라도 잘 알려진 큰 병원에 데려가고 싶었다. 엄마와 누나와 이야기를 나눈 후, 혹시 결과가 좋지 않더라도 이 선택을 후회하지 않을 만한 병원으로 옮기기로 했다.

'닥터쇼핑'이라는 개념이 있다. 자신의 병리적인 상태에 대한 의사의 진단이나 치료적 지침을 신뢰하지 못해 여러 병원을 돌아다니며 진료를 받는 행위다. 대개 이는 생명에 직결된 중증 질환에 걸렸을 때 심하다. 우리 엄마와 같은 상황이다. 만약 생명이 위독한 상황이라면, 병원을 신중하게 고르되 여러 병원을 돌아다니지 않길 바란다. 그리고 한번 병원을 결정했고 담당 의사가 정해졌으면 믿고 따르는 것이 좋다. 병원을 믿고, 담당 의사를 믿어라. 우리가 할 수 있는 최선은 지침을 충실히 이행하는 것이다.

 5월 20일, 조직 검사 결과가 나오는 날이었다. 제주도 여행을 마치고 돌아온 우리는 결과가 나오는 날까지 서로 연락하지 않았다. 누나는 누나대로, 나는 나대로, 엄마는 엄마대로 각자의 시간을 보냈다. 20일 아침, 우리는 다시 병원 앞에서 모였다. 엄마를 봤을 때 첫 진료 때보다는 긴장이 덜한 모습이었지만, 마음가짐은 더욱 무거워 보였다.
 "정현숙 님 들어오세요."
 나란히 의자에 앉았다. 교수님의 입은 열리지 않았지만, 우리 셋은 그 미묘한 기류를 느낄 수 있었다. 교수님의 숨소리, 입을 떼기 전 헛기침, 간호사의 숙연함. 모든 것이 이미 검사 결과를 암시하고 있었다.
 "정현숙 님, 조직검사 결과상 암이 맞습니다."
 "…"
 "아데노카시노마(Adenocarcinoma)라는 암인데, 선암입니다."

 아주 잠깐 시간을 준 뒤, 곧바로 암에 대한 설명이 시작되었다. 5월 20일, 이날은 엄마가 공식적으로 암을 진단받은 날이었다. 우리 셋은 생각보다 담담하게 의사의 설명을 들었다. 물론 엄마는 울먹이긴 했지만. 이때 진료실에서 엄마와 누나의 모습을 보며 확신했다. 제주도 여행이 나뿐만 아니라 엄마와 누나에게도 큰 의미였음을. 지난날에 대한 후회, 자신에 대한 반성, 앞날에 대한 계획과 두려움. 여행 기간 중 암에 관한 이야기를 나누지 않았기에 잘 모르겠지만, 아마도 각자의 생각들은 그 이야기의 근처를 맴돌지 않았을까 싶다. 여행에서 돌아와 서로 연락을 하지 않았던 것도, 각자의 생각들을 정리하는 데 시간이 필요했기 때문이 아닐까.

교수님은 첫 진료에서 말했던 것처럼, 수술이 어려우니 항암치료와 방사선 치료를 먼저 진행하고, 상황에 따라 수술하겠다고 다시 설명했다. 그러나 나는 암에 관해 공부하면서, 어쩌면 엄마가 수술받을 수도 있다는 희망을 품고 있었다. 우리는 사전에 이야기했던 대로 'ㅇ'병원으로 옮기기 위해 진료의뢰서와 진단서, 조직 슬라이드를 준비해 받았다. 암 진단을 받으면 병원에서 등록해 주는 산정 특례 절차를 진행하고 곧바로 'ㅇ'병원 통합진료를 예약했다. 다행히 예약일이 그리 멀지 않았다. 보통 원래 외래진료 예약은 상황에 따라 몇 달이 걸리기도 하지만, 중증 질환 환자들은 그에 맞춰 예약을 조정해 준다. 일반적으로는 진료 후 의사가 판단하여 필요한 검사를 진행하고 치료 계획을 세우지만, 검사 예약과 진행에 시간이 걸릴 것으로 생각했다.

하지만 나는 수술까지의 시간을 최대한 앞당기고 싶었다. 그래서 내가 근무하던 병원으로 엄마를 데려와 암 진료에 필요한 여러 영상 검사를 진행하고, 영상 검사와 조직검사 결과를 복사해 'ㅇ'병원 통합진료 당일 제출할 수 있도록 챙겨 갔다. 다행히 그 자료 덕분에 첫 통합진료에서부터 확실한 진료 계획을 받을 수 있었다. 'ㅇ'병원은 암 환자를 위해 특별한 진료 방식을 제공하고 있었다. 보통은 종양내과, 흉부외과, 방사선종양학과 등 여러 진료과에서 차례로 진료를 보며 협진하지만, 이런 과정은 복잡하고 시간이 오래 걸린다. 무엇보다 환자에게 큰 부담이 되기 때문에, 병원에서는 이를 한 번에 해결하는 통합진료를 운영하고 있었다. 암 진료에 필요한 모든 진료과의 교수님들이 한자리에 모여 일대다 형태로 진료하는 방식이다.

엄마와 나는 통합진료를 받기 위해 진료실 앞에서 기다렸다. 그 대기 공간은 다른 과의 대기실과는 사뭇 다른 분위기였다. 좌절감에 휩싸인 표정의 사람도 있었고, 모든 것을 받아들인 듯한 숭고한 표정을 지닌 환자들도 있었다. 한쪽 벽에는 '희망을 잃지 말자.'라는 메시지가 붙어 있는 게시판도 있었다.

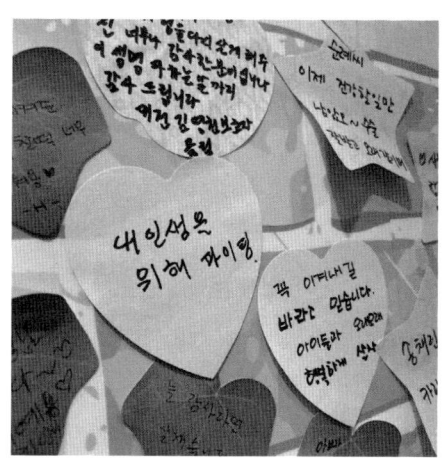

엄마와 나는 그 메시지들을 하나하나 읽고 있었다.
"정현숙 님~"
엄마의 이름이 불렸다.
"네, 저예요, 정현숙."
"정현숙 님, 이제 곧 차례가 되니 앞에서 대기해 주세요."

드디어 통합진료실 앞에 섰다. 엄마와 나는 그 문 앞에 서기까지 긴 시간과 고통의 나날을 견뎌 왔다. 아직 치료가 시작되지 않았다는 사실이 암담했지만, 그래도 여기까지 올 수 있었음에 감사했다. 우리는 서로의 두 손을 꼭 잡았다. 드르륵. 첫 통합진료를 위한 진료실 문이 열렸다.

"정현숙 님, 들어오세요."

애써 긴장감을 감추었던 어머니의 손과 표정은 순간적으로 굳어버렸다. 진료실로 한 발짝 들어선 몸은 그 자리에서 딱딱하게 얼어붙었다. 내가 간호사였기에 다행이지, 만약 간호사가 아니었다면 어머니와 함께 굳어버렸을 것이다. 아마 그 광경을 처음 목격한 누구라도 어머니와 같은 반응을 보였을 것이다.

넓고 긴 테이블 주위에는 흉부외과, 영상의학과, 방사선종양학과, 종양내과 등 하얀 가운을 입은 연륜 있는 교수님들이 둘러앉아 있었다. 스크린에 띄워진 CT 사진. 그 사이에서 차가운 친절을 유지하는 간호사까지. 모든 요소가 우리가 지금 병원에 있으며, 엄마가 폐암에 걸렸다는 사실을 더욱 실감하게 했다. 그 모든 순간은 엄마가 폐암에 걸렸고, 지금 치료를 위한 긴 여정의 시작점에 서 있다는 것을 절실히 느끼게 했다. 그렇게 겁먹은 표정을 본 것은 처음이었다. 진료가 이렇게 시작되면 안 된다고 생각했다.

"교수님! 죄송합니다. 잠깐만요!"

나는 다급히 외쳤다.

"엄마, 나를 봐! 내 눈을 봐!"

두 눈을 마주치라고 해도 엄마의 시선은 저승사자라도 마주친 듯 앞에서 움직이지 않았다. "심호흡하고 긴장을 풀어. 그냥 편하게 대답하면 돼. 괜찮아." 나는 엄마의 겁먹은 두 눈을 똑바로 바라보며 두 손을 꼭 잡았다. 하지만 엄마의 떨림은 쉽게 멈추지 않았다. 평생 어머니를 봤지만, 이렇게 경직되고 두려워하는 표정은 처음이었다. 나 또한 적잖이 당황하고 긴장했다. 그럼에도 진료는 시작되었다. 그들에게는 1초라도 아까운 시간이었다. 두려움을 극복할 시간 따위는 허용되지 않았다.

"상황이 좋지 않습니다. 급한 상황입니다. 여기 화면에 보이는 것은 정현숙 님의 폐 사진입니다."

"그러니까 저기를 보면…."

엄마는 여전히 굳어 있었지만, 흉부외과 교수님은 아랑곳하지 않고 설명을 이어갔다. 상황이 좋지 않다고 했다. 흉막과

뼈에도 침범한 것으로 보이며, 암세포가 상당히 커서 빨리 수술해야 한다고 했다. '수술? 수술이 가능한 건가?'

"잠깐만요, 수술이 바로 가능한 건가요?" 나도 모르게 외쳤다.
"네, 물론 쉽진 않겠지만 가능할 것 같습니다. 난도가 매우 높아요."
수술이 가능하다니, 기적 같은 소식이었다. "하지만 당장 수술해야 하는데, 수술 계획이 한 달 안에 비어 있는 곳이 없습니다. 수술 일정 조율이 필요합니다." 진료 예약을 잡은 교수님에게 수술받지 않았지만, 결국 우리는 다른 교수님에게 수술받을 수 있었다. 찾아보니 환자들의 진료 후기도 매우 만족스러웠다. 모든 것이 행운이라는 생각이 들었다.

한편, 환자와 보호자는 치료를 받기 위해 외래진료를 보거나 병실에 입원했을 때, 환자는 치료 과정에 순종적으로 따를 수밖에 없다. 전문가가 아니기 때문이다. 어떤 이는 3~4시간을 투자하고, 어떤 이는 하루를 통째로 투자하며, 어떤 이는 지방에서 올라와 병원 근처에 머물면서 진료를 받는다. 그리고 지금까지의 경험상, 그 진료는 대개 3분을 채 넘기지 않는다. 진료 자체도 매우 급하게 진행된다. 이런 부분은 환자분들과 대화하면서 어느 정도 알고 있었다. 하지만 우리나라의 보험 체계, 의료 시스템, 인력 구조 등 여러 복합적인 요소들이 영향을 미쳐 나타난 결과라고 생각했기에 어쩔 수 없다고 여겼다. 그러나 내가 그 환자의 보호자가 되니, 환자분들이 나에게 하소연했던 부분들이 깊이 공감되었다. 진단을 처음 받은 환자와 보호자는 여유가 없다. 중증 질환일수록 더욱 그렇다. 이 짧은 진료를 받으려고 하루를 투자했는데, 그런 우리에게 조금만 더 친절하고 여유를 주었으면 좋겠다는 생각을 지울 수 없었다.

엄마는 서둘러 입원 계획을 세우고 수술을 위해 병원에 입원했다. 나는 휴가를 내고 엄마의 보호자로 병실에 함께 머물렀다. 입원 후 피검사와 CT 검사 등 수술 전 필요한 검사들을 진행했고 몇 가지 동의서를 작성했다.

"정현숙 님, 받으실 수술은 개흉술을 통한 수술입니다. 수술 중 합병증으로…."

병동에서 상주하던 전공의가 최소 수십 번은 설명한 듯 아주 능숙하면서 조용하고 빠른 속도로 동의서에 나와 있는 주요 문항들을 가리키며 읊조리듯 설명했다.

"저, 죽을 수도 있어요…?" 동의서를 받다가 어떤 단어가 귀에 꽂혔는지 깜짝 놀라며 엄마가 물었다. "엄마, 모든 수술이나 큰 검사를 할 때는 이런 설명이 있어. 괜찮아. 그냥 수술을 받기 위한 절차라고 생각해. 동의하지 않으면 수술을 못 해! 킥킥." 나는 일부러 가벼운 웃음을 지으며 엄마에게 말했다. 이후 전공의의 추가 설명을 들은 엄마는 조심스럽게 사인했다.

수술 당일이 되었다. 촤르륵. "정현숙 님, 커튼 좀 치겠습니다."

담당 간호사였다. 우리는 아침에 일어나 이야기를 나누고 있었다.

"정현숙 님, 이제 곧 수술하러 들어갑니다." 간호사가 말했다.

7월 28일. 이날은 엄마가 수술받은 날이었다. 담당 간호사가 와서 수술 전 교육을 시행했다. "정현숙 님, 맞으시죠? 생년월일이 어떻게 되세요? 속옷은 제거하셨나요? 장신구는 없으신가요? 수술 소요 시간은 회복 시간 포함해서 4시간에서 5시간 정도 걸릴 예정입니다. 궁금한 점 있으세요?" 궁금한 점이라, 나는 그저 무사히 수술이 끝나기만을 바랐다.

"아, 정현숙 님 금식하셨죠?"

엄마는 잠시 고민하더니 표정이 급작스럽게 굳어졌다. 엄마의 표정을 본 나도 덩달아 굳어졌다. "어머! 나 어떡해, 어떡하지?" 엄마는 식겁한 표정을 지으며 몸을 이리저리 흔들었다. 수술 전 금식이라는 이야기를 수없이 교육했지만, 엄마는 아침에 일어나 잠결에 물을 마셔버린 것이다. 나는 엄마에게 크게 화를 냈고, 서둘러 담당 간호사에게 이 사실을 전했다.

"물이요? 아무것도 드시지 말라고 하셨잖아요! 얼마나 드셨어요?" 간호사가 놀라 물었다.

"두세 모금이요…." 엄마가 작게 대답했다. 나와 간호사에게 두 번이나 혼난 뒤라 엄마의 목소리는 거의 들리지 않았다. 이후 한 시간이 지났을까, 수술 전 설명하러 온 집도의가 괜찮다고 하여 수술을 진행하겠다고 하자 엄마는 그제야 대성통곡을 하며 병동이 떠나가라 울었다. 다행히 수술은 받을 수 있었지만, 정말 아찔한 순간이었다.

"정현숙 님, 이제 곧 이동하겠습니다."

담당 간호사가 다시 찾아왔다. 엄마는 곧 수술실로 이동해야 했다.

"엄마, 괜찮아? 긴장되지?"

"그러게…. 긴장되네…."

긴장된 엄마의 모습이 보였다.

"괜찮을 거야. 그냥 푹 자고 일어나면 다 끝나있을 거야."

어떤 이야기를 해서 긴장을 풀어줄까 고민하다가 문득 엄마의 지난 삶이 궁금해졌다.

"엄마. 지금까지 엄마는 어떻게 살아왔어?"

"엄마? 어떻게 살아왔냐니…. 무슨 소리야?"

"아, 음, 그럼 질문을 바꿀게. 옛날 기억을 생각하면 뭐가 가장 먼저 떠올라?"

"지금? 모르겠네…. 지금은 아무 생각이 안 나네.

팡!

휠체어 바퀴를 고정하고 있던 고정대가 풀렸다.

얘기도 얼마 못 했는데 벌써 수술 시간이 다가왔다. 우리는 수술실로 이동했다. 엘리베이터에서 내려서 한두 번 방향을 꺾으니 저 멀리 빨간 글씨로 '수술실'이라고 적힌 전광판 같은 것이 보였다. 빨간 글씨가 서서히 우리에게 다가오고 있었다. 우리가 걸어가고 있지만, 분명히 다가오고 있었다.

"엄마, 수술 끝나면 옛날이야기 들려줘. 어떻게 살아왔는지, 무슨 일들이 있었는지." 휠체어를 밀며 엄마에게 말했다.

"…"

긴장했는지 엄마는 아무 말도 하지 않았다. 그러다 결국 수술실 앞에서 울음을 터뜨렸다.

"엄마, 왜 울어? 다 잘될 거라니까! 금방 끝날 거야. 푹 자고 일어난다고 생각해. 잘 다녀와."

회복실 문 닫히기 전에 울고 있는 엄마

수술 전 내가 본 엄마의 마지막 모습이었다. 자동으로 닫히는 수술실 문 뒤로 점점 가려지는, 한 손에 간호사가 준 휴지를 들고 엄마는 엉엉 울었다.

09
사라진 1단계 : 퀴블러-로스의 분노

 나는 병원 1층 로비의 안락한 구석에 앉아 수술이 끝나기만을 기다렸다. 때때로 펑펑 울기도 했다. 엄마 앞에서는 애써 감정을 숨겼지만, 그 순간 현실에 대한 부담이 무겁게 다가왔다. '왜 나인가?' '왜 하필 지금, 또 이런 시련이 찾아오는가?' 홀로 있는 내 마음속에서 세상에 대한 원망이 눈물과 함께 쏟아져 나왔다.

 엄마처럼 큰 수술을 받는 환자는 수술이 끝난 후 중환자실에서 반나절 혹은 하루 정도 입원하고 다시 병동으로 돌아온다. 병실에 환자가 없으니 짐을 빼야 한다는 병원의 지침에 따라 나는 모든 짐을 정리하고 로비에서 수술이 끝나기만을 기다렸다. 사실 짐을 빼는 게 이해가 가지 않았다. 하루 만에 다시 돌아올 텐데, 왜 짐을 빼야 하는지 의문이 들었다. 하지만 병상을 기다리는 많은 사람을 생각하니 이해할 수 있었다. 무엇보다 병원의 지침이니 할 수 있는 말도 없었다.

로비에서 울고 난 뒤 배가 고팠다. 결국 사람은 먹고 살기 위해 존재하는구나 싶었다. 이렇게 슬퍼도, 먹어야겠다는 생각이 들었다. 병원 앞 공터에 앉아 편의점에서 산 빵을 먹고 있었다. 그때, 새 한 마리가 찾아왔다. 평소에는 저 멀리서 도망가기 바쁘던 새가 내 바로 앞에 서서 나를 바라보고 있었다. 정확히 말하면, 내가 들고 있는 빵을 보고 있었다. 주변에서 사람들에게 먹이를 자주 받았던 것인지, 나에게도 그런 행동을 기대하는 듯했다. 새의 깜짝 방문은 잠시 나를 놀라게 했지만, 이내 큰 위로가 되었다. 덕분에 나는 이성을 되찾고, 울음을 멈추며 생각에 잠겼다.

퀴블러-로스(Kübler-Ross)의 '죽음과 임종에 관한 5단계' 이론을 아는가. 이 이론은 『죽음과 임종에 관하여』라는 책에서 처음 소개되었다. 스위스 출신의 미국 정신과 의사이자 임종 연구 분야의 개척자인 엘리자베스 퀴블러-로스가 출간한 이 책은 건강과 의학 분야에서 매우 중요한 이론으로 자리 잡았다. 이 이론에 따르면, 인간은 자신의 죽음을 맞이하거나,

이와 비슷한 정도로 충격적인 사건을 받아들일 때 다섯 단계를 거치게 된다. 나는 이 과정을 이해하면서, 내 감정이 지금 어느 위치에 있는지 판단하는 데 큰 도움을 받았다. 각 단계를 간단히 설명하자면 다음과 같다.

부정 : 1단계 (Denial - Avoidance, Confusion, Elation, Shock, Fear)

이 단계는 너무 압도적인 사건이나 사실을 다르게 해석하며 부인하는 단계이다. 예를 들어, 치명적인 질병을 진단받았을 때 병원의 결과를 믿지 못해 다른 병원에서 같은 검사를 받는다든가, 사랑하는 사람이 사망했다는 소식을 듣고 '동명이인일 것'이라고 생각하는 것이 이에 해당한다.

분노 : 2단계 (Anger - Frustration, Anxiety)

부정의 단계가 희미해지면서 억눌려 있던 감정이 쏟아져 나오는 시기다. "왜 나지?" "인생은 왜 이렇게 어려운 거야!" "하나도 공평하지 않아."라고 생각하는 것이 일반적이다. 이 단계에서는 감정을 억제하려 하기보다는 빠르게 느끼고 표출하며, 감정을 소멸시키는 것이 중요하다.

타협 : 3단계 (Bargaining - Struggling to find meaning,

Reaching out to others, Telling one's story)

더 이상 상황을 바꿀 수 없다는 것을 깨닫고, 상황을 미루거나 조건을 붙이려 한다. 가장 대표적인 예는 "한 번만 살려주시면 착하게 살겠습니다!"와 같은 마음가짐이다. 이 단계는 짧게 지나간다.

우울 : 4단계 (Depression - Overwhelmed, Helplessness, Hostility, Flight)

협상을 해도 현실이 바뀌지 않음을 인지하게 되면, 우울함이 시작된다. 무력감과 상실감을 느끼며, 때로는 주변과의 단절이나 내적 갈등이 심화되기도 한다.

수용 : 5단계 (Acceptance - Exploring options, New plan in place moving on)모든 단계를 거친 후 비로소 현실을 받아들이게 된다. 이 단계에서는 감정이 역동적으로 폭발하지 않고, 차분한 상태가 지속된다. 말수가 줄어들거나, 침묵이 소통을 대신하기도 한다. 새로운 계획을 세우고 앞으로 나아갈 준비를 하게 된다.

나는 이 이론을 처음 배울 때 매우 흥미롭게 느꼈다. 모든 단계를 완벽하게 경험하지 않더라도, 인간 심리가 흘러가는 방식과 일치하는 이론을 현실에서 종종 목격했고, 스스로도 실감할 수 있었다. 나는 수술이 잘 끝나기를 바라며 이 '퀴블러-로스의 분노의 5단계 이론'에 대해 생각했다. 돌아보면, 이 5단계 중 첫 번째 단계인 '부정'이 생각보다 매우 짧았던 것 같다. 그 이유는 엄마가 폐암 진단을 받을 가능성을 이미 종종 생각해 왔기 때문이다. 나는 간호사다. 지금은 간호사 일을 하지 않지만, 4년 동안 전공을 공부하고, 임상에서 근무하며 암이라는 질환에 대해 잘 알고 있었다. 그러니 암에 걸릴 위험 요소 또한 잘 알고 있었다. 엄마는 폐암에 걸릴 가능성을 높이는 여러 위험 요소가 있었다. 그래서인지 철저하고 장기적 계획형인 나는 미래를 그릴 때 '혹시 엄마가 폐암에 걸리면?'이라는 가정을 아주 가끔 세워보기도 했다. 하지만 그 가정에서 내 나이는 마흔 살 정도였을 뿐, 이렇게 빠른 시기에 닥칠 거라고는 상상하지 못했다.

10
비밀스러운 그녀의 또 다른 숨

 엄마의 위험 요소 중의 하나는 바로 '흡연'이었다. 그렇다. 엄마는 오랫동안 담배를 피웠다. 흡연한다는 사실은 알고 있었지만, 언제부터 시작했는지는 몰랐다. 이 책을 쓰기 위해 대화를 나누던 중, 엄마가 중학교 때부터 흡연을 시작했다는 것을 알았다. 중학교 시절부터 지금까지 쭉 흡연을 해온 셈이다. 지금 세대에서는 '여성이 담배를 피우는 게 뭐가 문제냐!'고 생각할 수 있지만, 당시의 시대적 배경을 고려하면 이는 결코 흔한 일이 아니었다. 중학생 때부터 흡연을 시작했다니, 나에겐 놀라운 이야기였다. 나 또한 중학교 시절, 엄마가 흡연하는 사실을 처음 알게 되었다. 주변 친구들이 하나둘 흡연을 시작하면서, 그들의 행동과 특성을 알았고 엄마에게서도 비슷한 모습이 보이기 시작했다.

 '어? 저게 뭐지? 에이, 설마⋯.'

나는 이 사실을 믿고 싶지 않았다. 솔직히 말하자면, 엄마가 폐암 진단을 받았다는 사실보다, 엄마가 흡연한다는 사실을 받아들이는 게 더 힘들었던 것 같다. 나는 부정했고, 꽤 오랜 시간 이를 거부했다. 집안에서 발견되는 흡연의 흔적들은 모두 아버지나 누나의 것으로 생각했다. 하지만 점차 모든 것이 명확해졌다. 가끔 내 코끝을 스치는 담배 냄새, 화장실 구석에 숨겨놓은 담뱃갑, 변기 위에 떠 있는 담뱃재, 우연히 발견한 라이터. 모든 것이 엄마가 흡연한다는 분명한 증거였다. 종종 내 시야에 들어온 증거들은 마치 그 사실을 끝까지 부정하려는 나를 시험하는 듯했다. 그 증거들은 늘 나에게 소리쳤다.

'이봐, 당신, 이래도 계속 거부할 거야?'

'나 좀 봐, 나 여기 있다고! 너희 엄마 가방 속에 말이지! 하하하.'

정확한 시점을 말할 수는 없지만, 결국 나는 그 사실을 받아들이게 되었다. 그러나 모른 척했다. 그 사실을 직면하는 것이 너무 두려웠기 때문이다. 내가 가장 사랑하는 엄마가 흡연하고 있었다니! 믿기 싫었다.

나는 흡연에 매우 예민했다(지금도 여전히 예민하다). 그 이유는 흡연에 관해서 깊은 상처가 있기 때문이다. 이 상처는 내가 초등학생 때 자연스러웠던 상황이 '비정상적인 상황'임을 인지한 이후부터 성장하면서 깊어져 갔던 상처이다. 우리 집에서는 나를 제외한 모든 구성원이 흡연자였다. 그중 가장 큰 난관은 아버지였다. 아버지는 육아에 대한 인식이 부족했고, 이를 보여주는 대표적인 행동이 바로 거실 한가운데에서 담배를 피우는 것이었다. 내가 갓난아기였을 때도, 유치원에 다닐 때도, 초등학교와 중학교 시절에도 변함없이 그 모습을 유지하셨다.

어렸을 적, 나는 이러한 행동이 당연하다고 생각했다. 담배는 거실에서 피우는 것이 세상의 이치 중 하나였다. 거실에서 피어오르는 흰 연기 속에서 아버지가 아닌 내가 자리를 피하는 것이 당연했다. 그러나 커가며 학교에서 보건교육을 받고, 세상에 대한 올바른 판단 기준이 생기자, 아버지의 행동이 잘못되었다는 것을 깨달았다. 중학교 시절, 친구들과 이야기하다 아버지가 흡연하러 밖으로 나갔다는 이야기를 듣고 충격을 받았던 것이, 흡연에 대한 인식 변화의 시발점이었다. 나는 아직 자식이 없지만, 이해하기 힘들었다. 어떻게 사랑하는 자식에게 해로운 담배 연기를 맡게 할 수 있을까. 니코틴, 아나바신, 피페리딘, 그리고 본인의 이산화탄소까지 담긴 그 연기를 생애

전반에 걸쳐 선사하다니. 그 행동은 육아와 나에 대한 무관심으로 느껴졌다. 그래서 아버지의 흡연으로 인한 상처가 점점 깊어졌다. 모든 가족이 흡연자라는 사실도 나에게 오랜기간 스트레스를 주었다.

하지만 반대로, 가장 나이가 어렸던 내가 오늘까지도 흡연을 하지 않고 있다는 것은 신기하면서, 스스로 대견하다고 느끼는 점이다(가족 모두가 흡연을 함에도). 긍정적으로 해석하자면, 가족의 흡연으로 인한 스트레스가 오히려 내가 담배를 멀리하게 된 동기가 되지 않았을까. 이는 또한 가정으로부터 받은 또 다른 배움이기도 하다. 웃기고 슬픈 이야기이긴 하지만. 가만히 생각해 보면, 나는 집에서 자주 '나는 이렇게 하지 말아야지.'라고 다짐했다. 주로 아버지를 보며 그런 결심을 했다.

'아, 나는 TV를 사지 말아야겠다.'

'아, 담배는 절대 피우지 말아야지.'

'아, 나는 꼭 내 자식과 여행을 많이 다녀야지.'

받은 사랑과는 별개로, 좋지 않은 요소들을 이성적으로 비판했다. 좋은 것들은 흡수하고, 좋지 않은 것들은 반대로 배웠다. 덕분에 나는 주도적이고, 뚜렷한 가치관을 가진 사람으로 성장할 수 있었다.

 다시 돌아가서, 어머니에게 흡연 이야기를 꺼내기 시작한 것은 대학생이 되고 난 뒤였다. 전공 공부를 하면서 더는 피하면 안 되겠다는 생각이 들었고, 용기도 생겼다. 간호학 수업을 받을 때마다 교수님들은 늘 우리에게 말씀하셨다.
 "여러분, 이 암에 걸리면 매우 고통스럽습니다."
 "치료하기도 어렵고, 초기에 발견하기도 힘듭니다. 치료비도 엄청나게 비쌉니다. 증상들에는…."
 "대표적인 원인으로는 흡연과 음주가 있죠? 흡연은 정말 안 좋습니다. 담배를 피우는 분들이 있다면 얼른 끊으세요. 주변에도 꼭 알려주세요."
 때때로 교수님들은 몇몇 재학생들의 정곡을 찌르기도 하셨다.
 "여기 담배를 피우는 분 있나요?"
 교수의 질문이 떨어지면 한쪽 구석에 모여 앉은 복학생들과 몇몇 남학생들 사이에서 어색한 침묵이 흘렀다. 이어 누군가의 헛기침과 함께 서로를 견제하는 듯한 말들이 오갔다.
 "크흠... 사실 끊어야 하는데 말이야."
 "그러게, 진작 끊었어야지."

"너나 먼저 끊어."

 성인들이 걸리는 질환에 관해 이야기할 때, 대부분 위험 요소에는 술과 담배가 포함되었다. 특히 암에서는 100% 고정 멤버였다. 이런 상황에서, 나는 이야기하지 않을 수 없었다. 나는 엄마의 흡연 사실에 대해 직면하기 시작했고, 끊기를 권유했다. 그때마다 엄마의 반응은 회피였다. 명확한 대답도, 눈맞춤도 하지 않았다. 내가 금연과 관련한 언급을 할 때마다 엄마의 크기가 아주 조금씩 작아지는 듯했다. 그래서 어느 순간부터는 이야기하고 싶어도 할 수가 없었다. 끊으라고 할 때마다 엄마가 회피하고, 작아지는 모습을 보는 게 너무 싫었다.

 뒤늦게 고백했지만, 엄마는 진료실에서 폐암 소견을 듣자마자 흡연이 떠올라 우리에게 죄책감을 느꼈다고 했다. 오랫동안 열심히 살아왔음에도 불구하고 결국 담배를 끊지 못한 자신이 너무 싫었고, 나와 누나에게 미안했다고 말했다. 그런데 폐암이라니! 그것도 4기 직전의 '3기 b'라니. 심지어 아들은 간호사였고, 금연하라고 여러 번 얘기해 왔으니, 어머니로서는 흡연과 그로 인한 죄책감이 매우 컸을 것이다.

 다행히도, 엄마는 폐암 소식을 듣자마자 그날부터 곧바로 담배를 끊으셨다. 폐암 진단을 받은 날, 어머니는 즉시 보건소로 향해 흡연 중단을 위한 진료를 받으며, 약을 처방해 달라고 요청하셨다. 그러나 그때 받은 충격이 컸던 탓인지, 약을 먹지도 않았는데 담배 생각이 나지 않으셨고, 본인도 그 사실에 무척 놀라워하셨다. 결국, 받은 약은 먹지 않고 버리셨다. 흡연자라면 이 행동이 얼마나 대단한 것인지 잘 이해할 수 있을 것이다. 그렇게 단번에 끊어버린 어머니의 모습에 놀라움을 금치 못했지만, 동시에 '그럴 거면 미리 좀 끊지…'라는 원망과 아쉬움이 교차하기도 했다.

엄마의 죄책감을 덜어주었던 일도 있었다. 'ㅇ'병원에서 진료받던 중, 의사 선생님께서 어머니의 폐암 원인이 담배 때문만은 아니라고 설명하셨다. 이 말을 듣고 엄마는 깊이 안도하셨고, 그동안의 괴로움이 컸던 탓에 눈물을 쏟아내고야 말았다. 만약 흡연이 원인이라면, 그간 열심히 살아온 삶이 한순간에 무의미해질 것으로 생각하셨기 때문이다. 그러나 근무 환경에 관한 이야기(예를 들어 분식집을 운영할 때 가스와 같은 발암물질)를 듣고 나서는, 그동안의 삶에 대한 자부심이 조금은 회복되었다고 말씀하셨다. 지금은 그때를 웃으며 회상하지만, 당시 엄마의 죄책감이 얼마나 깊었는지를 생각하면 마음이 아프다. 한 번은 엄마가 이렇게 고백한 적이 있다.

"너희를 키우면서 가장 미안했던 건, 흡연 때문에 네 친구를 집에 초대하지 못한 거야."

"내가 흡연을 하지 않았더라면 네 친구를 불러서 집에서 놀게 했을 텐데, 흡연 때문에 손님을 들이는 게 꺼려지더라고."

"냄새가 나고 너와 누나가 친구들한테 책잡힐까 봐 걱정되었어."

생각해 보면, 엄마는 항상 나에게 나가 놀다 오라고 하셨다. 어릴 적 내가 친구를 집에 데려가도 되냐고 물어보면, 엄마는 단호하게 안 된다고 하셨다. 그 말투에는 약간의 미안함이 섞여 있었고, 나는 그럴 만한 이유가 있겠거니 생각했다. 하지만 그 이유가 흡연 때문이었다니. 또 한 번 엄마의 **행동 조각**을 발견하게 된 순간이었다.

엄마에게 꼭 해주고 싶은 이야기가 있다. 엄마는 무려 15년 이상 분식집을 운영하며 우리를 키우셨다. 그 긴 세월 동안 좁은 주방에서 온종일 불과 기름 연기와 씨름하셨던 것이다. 물론 흡연이 폐암에 전혀 영향을 미치지 않았다고 할 수는 없다. 하지만 주된 원인은 그 오랜 기간 주방에서 가스불과 튀김기름에서 나오는 각종 유해물질을 들이마시며 생계를 꾸려

나가신 탓이 아닐까. 어머니의 폐암은 자식들을 위한 묵묵한 헌신의 결과였다. 그렇기에 이 숭고한 모성애에 '원인'이라는 단어를 붙이는 것은 오히려 자식으로서 마음이 무거워진다.

앞서 언급했듯이, 만약 마음 한편에 죄책감이 여전히 자리하고 계시다면, 이제는 모두 내려놓으시길 바란다.

11
엄마도 여자였다

'아, 엄마도 여자였구나…'

이 사실을 내가 언제 처음 자각했던가. 지금까지도 엄마를 바라보거나 우리 삶에 대해 고민할 때면, 그 순간을 종종 떠올리곤 한다. 엄마를 조금 다르게 바라보게 해주었던 그 깨달음은 고등학교 1학년 때쯤 있었다. 그날 저녁은 분명히 평범한 저녁 식사였다. 지극히 일상적인, 변함없는 모습이었다.

나는 밥을 푸고, 식기와 반찬을 옮겼다. 엄마가 주요리가 담긴 넓적한 냄비를 식탁에 옮기는 것으로 저녁 식사가 시작되었다. 어떤 이야기를 나누었는지는 흐릿하다. 무려 10년 가까이 지난 데다 일상적인 대화였으니 그럴 만도 하다. 이야기를 나누던 중 우연히 엄마의 친구 이야기가 나왔다. 정말 오랜만에 연락했다는 내용이었다. 평소였으면 약간 끄덕이면서 "아, 그래?"라고 하며 이성적인 사고에 기반한 상투적이면서도 진심 어린 공감을 표현하며 대화를 이어나갔을 것이다.

 그러나 그날은 조금 달랐다. '친구'라는 단어가 무언가 낯설게 다가왔다. 입안에 밥과 반찬을 넣고 씹으면서도, 나는 계속 그 생각에 잠겼다.
 '친구? 엄마가 친구…? 이 어색함은 뭘까…?'
 엄마가 친구 이야기를 하는 게 왜 어색하게 느껴질까, 의문이 들었다. 마치 만화에서 보듯, 순간 뇌리를 스치는 묘한 위화감이 들었다. 낯선 감정에 밥을 씹으면서도 머릿속에서는 그 이유를 일사불란하게 찾고 있었다. 돌이켜보니 엄마는 친구에 대한 언급이 거의 없었다. 그뿐만이 아니다. 엄마와 가장 가까운 친구가 누구인지도 몰랐고, 심지어 친구를 만나러 외출하는 모습조차 본 기억이 없었다. 엄마의 교우관계에 대한 어떠한 정보도, 나는 가지고 있지 않았다. 무려 열일곱 살이 될 때까지도.

 가끔 그런 장면이 자주 있지 않은가? 무언가 엄청난 사실을 깨달았을 때의 그 번뜩이는 모습 말이다. 만화, 영화, 드라마 등에서 자주 사용되는 연출처럼, 너무 놀라서 눈이 커지고 하던 행동도 멈추는 그런 순간. 살면서 그 정도의 깨달음을 얻는 일이 얼마나 있을까. 나는 그 순간이 죽기 전 열 손가락에 꼽힐 만한 엄청난 깨달음 중 하나라고 지금도 확신한다. 떨어지는 사과를 보았던 뉴턴은 이런 기분이었을까? 내 기억에는 없지만, 엄마는 분명히 나에게 친구 이야기를 한 번쯤은 했을 것이다. 그런데 그날은 왜 달랐을까. 왜 밥을 먹다가 갑자기 그런 깨달음이 찾아왔을까 궁금했다. 우연이었을까? 아니면 정말 신이 "더는 우매해지지 말라."는 메시지를 전해주었을까? 아니면 내가 그때가 되어서야 이 깨달음을 얻을 수 있을 만큼 성장했기 때문일까?

생각이 복잡했지만, 한 가지는 분명했다. 무엇이 되었든, 깨달음이 많이 늦었다는 것이다.

12
사랑의 또 다른 형태, 물음

 엄마는 내가 초등학생이었을 때 나의 모든 시간에 관해 물어봤다. 밖에서 놀다 오면 어디서 무엇을 하고 왔는지 물었고, 학교에 다녀와서 기분 변화가 느껴지면 학교에서 무슨 일이 있었는지 물었다. 친구들이랑 놀겠다고 허락을 받을 때면, 언제 돌아올지, 누구와 놀다 오는 것인지 물었다. 이 외에도 엄마는 친한 친구부터 시작해 요즘 학교생활의 근황, 별의별 사소한 것까지 전부 다 궁금해했다. 그 당시에는 속으로 '이런 것까지 신경 쓸 일인가?'라며 의아해했다. 엄마의 관심은 심지어 나의 배변 상태까지 미쳤다. 어렸을 적, 내가 화장실에 가겠다고 하면 저 멀리서 엄마의 목소리가 들려오곤 했다.
 "물 내리지 말고 나와~"
 "아, 왜! 싫어, 내리고 나올래!"
 "엄마가 확인 좀 하고 싶어서 그래. 내리지 말고 나와~"

매번은 아니었지만, 종종 엄마는 내가 용변을 마친 후 그 상태를 살피러 달려왔다. 화장실에서 나와 "다 했어!"라고 알리면 엄마는 서둘러 와서는 물을 내리며, "오늘도 황금똥이네! 낄낄."이라고 하며 흐뭇해하곤 했다. 어린 시절 나는 엄마의 이러한 행동들을 이해하기가 어려웠다. 그것이 관심과 사랑에서 비롯된 것임을 어렴풋이 느낄 수는 있었지만, 그 깊은 모성애의 의미를 온전히 이해하기에는 나는 너무 어린 나이였다.

 어렸을 때부터 엄마의 질문에 답하는 것은 자연스러운 일상이었고, 마치 무의식적인 의례처럼 자리 잡았다. 그래서 학교에서 돌아오면 엄마에게 하루 있었던 일을 빠짐없이 털어놓곤 했다.
 "학교 다녀왔습니다! 엄마, 오늘 학교에서…"
 주절주절, 재잘재잘. 이럴 수 있었던 배경엔 내가 다른 친구들보다 엄마와의 물리적 거리가 가까웠다는 것이 있다. 그것도 아주 많이. 아마 부모님이 같은 학교 선생님이 아니고서야 나보다 거리가 가까웠던 친구는 없었을 것이다. 우리 엄마는 내가 다니는 학교 근처에서 분식집을 운영했다. 가게 이름은 '김떡순'이었는데 내가 초등학교 3학년 때부터 대학교를 졸업할 때까지 운영하셨으니 정말 오랜 역사가 담긴 곳이다. 그만큼 엄마와 나의 삶에 깊은 의미가 담긴, 꽤 긴 페이지가 되었다. 비단 이것은 나뿐만 아니라, 나의 친구들, 선후배들, 하물며 내가 알지 못했던 그 동네의, 그 시절의 학생들이라면 자신들의 학창시절 속 한 페이지 정도는 차지하고 있을 것이다 (지금은 폐업하긴 했지만. 이 이야기는 차차 하기로 하겠다).

 엄마와 물리적 거리가 가까워서였을까, 나의 모든 것을 엄마와 공유하는 것이 당연한 일상이 되었다. 엄마는 집에서 유일하게 나에 대한 정보를 알려주는 존재이기도 했다. 그런데도 엄마는 내 시험 성적이나 내신 등급에 대해서는 궁금해하지 않았다. 아마 궁금하더라도 의도적으로 물어보지 않았을 것이다. 때로는 이 부분이 아쉽기도 했다. 엄마가 내 공부와 미래에 좀 더 적극적이었다면 나는 어떻게 되었을까. 더 나은 성취, 더 뚜렷한 목표를 가질 수 있었을까. 더 좋은 대학에 가고, 더 명확한 목표를 세울 수 있었을까. 이런 생각을 했었다. 하지만 이 또한 성숙하지 못했던 생각이며, 나는 엄마가 스스로 할 수 있는 최선을 다했다는 것을 알고 있다. 이러한 생각은 그저 현실과 타협하고, 현재의 결과에 대해 자신의 책임을 덜어내기 위해 찾은 변명일 뿐이었다.

어린 시절부터 이렇게 지내왔으니, 엄마와 나 사이에는 비밀이 없다고 생각했다. 엄마에 대해서는 내가 제일 잘 안다고 자신했다. 하지만, 그것이 착각이자 오만이었다는 것을 열일곱 살, 바로 저 지극히 평범한 저녁 식사에서 깨닫게 되었던 것이다. 엄마가 나에게 수많은 물음을 던져온 지금까지, 나는 엄마의 삶을 진정으로 궁금해하지 않았다. 이렇게 보니 내가 좋은 아들이었는지도 이제는 잘 모르겠다. 엄마는 어떤 친구가 있는지, 학창 시절은 어땠는지, 공부는 잘했는지, 어떤 일을 했었는지, 가장 기억에 남는 여행지는 어디인지, 어떤 꽃을 좋아하는지, 오토바이는 언제부터 탔는지, 분식집은 어떻게 시작하게 됐는지. 이렇게 모르는 것이 많으면서도 그간 물어볼 생각조차 하지 못한 것이 부끄러웠다. 존재에 대해 감사가 아니라 익숙함과 당연함이 주된 인식을 차지하고 있었으니. 이렇게나 깜깜이었을 줄이야.

「지혜에 대한 우애적 사랑, 철학(Philosophy)」

장학 동문에게 들었던 이야기다. 그 이야기를 지금도 마음속 깊이 간직하고 있다. 철학(Philosophy)의 어원에 관한 내용이었다. 철학의 어원은 고대 그리스어 '필로소피아(지혜에 대한 사랑)'에서 유래되었다고 한다. 한 번 더 나누어 설명하면, '사랑하다'를 의미하는 '필레인'과 '지혜'를 뜻하는 '소피아'의 합성어다. 나는 철학자가 지혜를 사랑하는 사람들이라고 생각했다. 단순한 지식이 아니라, 인간, 사상, 종교, 세상이 어떻게 돌아가는지에 대한 총체적인 앎이 그 지혜의 대상이었다. 하지만 그분이 나에게 제시한 해석은 그 반대였다. 그들은 지혜를 사랑하는 것이 아니라, 사랑하기 때문에 알고자 한다는 것. 단순히 생각의 순서를 달리한 것이지만, 그 의미는 크게 달라졌다. 의미가 달라졌다기보다는, 그 '철학'이라는 단어가 내포하는 가치의 무게가 더욱 깊어졌다.

나는 물음이 사랑을 표현하는 하나의 형태라고 생각한다. 당신의 뜨거웠던 첫사랑은 어떠했는가? 첫눈에 사랑에 빠졌을 때, 당신의 호기심은 상대의 어느 부분까지 닿았는가? 우리는 그 사람이 지금 무엇을 하고 있는지, 어디서 태어났는지, 좋아하는 음식은 무엇인지, 하나부터 열까지 궁금해했다. 그렇게 하나씩 알아가는 과정 또한 사랑이자 성취였다. 하지만 그 사람이 엄마일 때, 이야기는 달라졌다. '엄마'라는 존재에는 함정이 숨어 있었다. '엄마'라는 거대한 책임과 오랜 시간 형성된 익숙함이 그 안에 있었다. 나는 엄마에게 사랑한다고 말하고, 진정으로 사랑하는 마음을 품었음에도 엄마라는 사람을 이해하려는 시도는 없었다. 엄마이기 이전, 그녀의 총체적인 삶에 대해 궁금해한 적이 없었다. 사랑은 궁금함을 필연적으로 수반한다고 생각했지만, 왜 그동안 엄마를 진정으로 궁금해하지 않았던 것일까. 나는 익숙함과 당연함에 너무 오래 속아왔다. 엄마라는 무겁고도 거대한 호명 뒤에 숨겨져 있던 그녀는 언제나 그 자리에 존재하고 있었다. 그녀는 정현숙이라는 이름을 가진 한 여성이었다. 이 시대를 꿋꿋이 살아가는 한 인간이자, 사회의 일원이며, 누군가의 친구이자 동생, 언니, 딸이기도 했다. 그녀의 존재와 의미는 관계와 바라보는 처지에 따라 다양하게 변화하고 있었다. 열일곱 살이 되어서야 비로소 그것을 볼 수 있었다.

스스로가 원망스러웠다. 17년이 지나서야 이렇게 당연하지만, 중요한 사실을 깨달았다니. 정말 멍청할 정도로 익숙함에 너무 깊이 빠져 있었다. 많은 생각이 오가는 사이, 내 고개는 어느새 90도 가까이 꺾여 밥그릇과 코 사이에 숟가락 하나 들어갈 정도로 가까워졌다. 부디 못 본 척해달라는 나의 소리 없는 외침이 당연히 들릴 리 없는 엄마는 또다시 물었다.
"승희야, 왜 그래? 음식이 맛없어? 어떡하지…?"

결국, 눈물이 터졌다. 펑펑 울었다. 멀쩡히 밥을 먹다 말고 갑자기 울어대는 나를 보고 무척 당황했던 엄마의 표정, 그리고 밥이 맛이 없냐고 물었던 사랑 가득한 조심스러운 질문은 나의 가슴을 더욱 후벼 팠다. 이때부터인지는 확신할 수 없으나, 지금 나는 엄마를 엄마로만 보지 않으려고 노력하고 있다. 엄마로 바라보는 시간보다 나와 함께 세상을 살아가는 또 다른 사람으로 바라보는 시간이 더 많을지도 모르겠다. 정현숙이라는 이름 석 자는, 엄마도 한때 나와 같았다는 사실을 깨닫게 해주었다. 엄마도 친구들이랑 신나게 어울리던 학생이었고, 꿈을 좇던 몽상가였다. 돈을 벌기 위해 거침없는 도전을 이어가던 청년이었다. 그런데도 모든 것을 뒤로한 채, 좋지 않은 가정 형편에도 가능한 많은 것을 주고자 최선을 다했던 엄마의 처절한 하루들을 나는 기억한다.

 그로부터 십여 년이 흘렀다. 하지만 나는 아직도 내가 좋은 아들이라는 생각이 들지 않는다. 어쩌면 이것도 냉정하고 이성적인 내가, 엄마를 사랑하는 방식일지도 모르겠다. 그래서 좋은 아들이 되고 싶어 다시 용기를 냈다. 그동안 받아왔던 물음을 이번엔 내가 그녀에게 건넸다. 막상 물음을 던져 보니 알았다. 그간 내가 묻지 않았던 것들이 이렇게나 많았다는 사실을. 돌아오는 답변에는 내가 감당하기 어려운 슬픔도, 아픔도 많았다. 가끔 과거의 삶을 회상하며 슬퍼하는 엄마를 보면서, 애써 묻어 두었던 과거를 괜히 들쑤시는 건 아닌지 여러 번 회의감이 들기도 했다. 하지만 지금의 이 도전은, 시간이 지날수록 무르익으리라고 확신한다. 이 책은 부모이기 이전에 사회를 살아가는 독립체로서 엄마를 자세히 들여다보려는 아들의 차갑고 이성적인 여정이다. 동시에 무거운 도전이기도 하다.

어느 한 스승은 나에게 이렇게 이야기한 적이 있다.

"너는 특별해. 너는 저 아득히 먼 곳을 바라보며 너만의 계획을 세우고 나아가고 있어." 이번 도전도 그러했으면 좋겠다. 이 도전이 담고 있는 가치는 언젠가 다른 이들의 마음을 어루만져 줄 것이다.

13

삶에 대한 회고, 그 여정의 시작

수술은 다행히 무사히 끝났다. 집도의는 모든 것을 제거하지는 못했지만(제거하지 못한 나머지는 방사선 치료로 없애기로 했다), 성공적인 수술이었다고 전했다. 그러나 큰 수술이었기에, 엄마는 반나절 동안 중환자실에서 회복한 후 병동으로 돌아왔다. 중환자실에서 깨어나자마자 엄마가 한 말은 "아파요," "진통제 좀 주세요."가 아니라 "배고파요."였다. 환자에게 식욕이 있다는 것은 대부분 좋은 신호이다. 엄마는 입원 기간 2주 동안 매일 걸으며 재활에 힘쓰고, 빠르게 회복하여 곧바로 관을 빼고 퇴원에 성공했다. 수술 후에야 알았는데, 엄마는 수술이 잘못될 것을 염두에 두고 자식에게 조금이라도 물려주기 위해 급히 청약을 알아봤다고 한다. 유족 연금에 대해서도 고민했다. 아버지가 돌아가신 후부터 엄마는 아버지의 연금을 받고 있었다. 연금도 물려주고 싶어 공공기관에 가서 문의했으나,

연금은 자식에게 상속되지 않는다는 것을 알고는 '기필코 살아야겠다.'며 다짐했다고 한다.

퇴원 날, 아직 상태가 좋지 않아 택시를 타고 집까지 이동했다. 뒷자리에서 나는 엄마의 왼손을 잡고 있었다. 상태가 걱정스러워 고개를 돌렸는데, 택시 창문을 통해 비친 엄마의 얼굴과 노을빛이 한데 어우러져 내 시야에 들어왔다. 그 순간, '아, 무사히 한고비를 넘겼구나.' 하는 생각이 들었다.

"엄마, 아직 좀 아프지?"
"응, 그렇지…. 어휴."
퇴원 후에도 통증이 남아 있었는지, 엄마는 표정을 찡그리며 힘들게 창문에 기대어 대답했다.

"엄마, 나 엄마의 옛이야기 듣고 싶어."
"옛이야기? 해줄 수는 있지…. 어떤 거?"
"전부! 엄마가 어디서 태어났는지, 어떻게 자라왔는지 말이야. 엄마 이야기해 주면 나는 그걸 책으로 기록할 거야! 세상에 책으로 남기면, 시간이 지나도 나와 내 가족들이 엄마의 삶을 기억하고 추억할 수 있을 거야."
"…"
엄마는 잠시 멈칫하더니, 말을 이어갔다.

"신당동이라고 알아?"

"신당동?"

"거기 있잖아. 남산 밑에 신당동. 엄마가 거기서 자랐지."

그렇게 본격적인 회고를 위한 여정이 시작되었다.

14

회고를 향한 출발

"안녕하십니까? 이번 정차역은 최종 종착지인 부산입니다. 내리는 문은 오른쪽입니다."

"속도보다 중요한 건 방향이라고 하죠. 오늘은 여유로운 하루를 보내시길 기원합니다. 고객님들의 방향을 응원하겠습니다."

종착역을 알리는 방송과 기관사의 따뜻한 안내가 들려왔다. KTX를 타면서 이러한 유형의 안내 방송을 들어본 적은 없었는데, 기관사의 멘트는 이번 여정의 출발에 설렘과 기대를 더욱 키웠다.

"엄마 도착했어!"

"그러게. 요즘 세상은 참 좋다. 부산까지 얼마 걸리지도 않네."

우리는 다섯 번의 여정을 떠나기로 했다. 일명 '회고의 여정'이었다. 엄마의 옛 기억과 관련된 곳을 방문하며 진실한 회고의 시간을 갖기로 했다. 부산이라는 도시는 그 회고의 장소 중 첫 번째로 우리가 선택한 곳이었다. 부산은 엄마에게 가장 중요한 도시 중 하나였다. 내가 태어나기도 전, 엄마의 가장 뜨거웠던 청춘이 담긴 도시였기 때문이다. 엄마는 부산이라는 도시를 좋아했다. 바다가 있어서 다른 도시보다 정이 더 빨리 들었다고 했다. 엄마의 이야기를 듣고 있으면 확실히 부산에 관한 이야기가 유독 많았다. 전체 '회고의 여정' 중 부산이 차지하는 시간은 그리 길지 않았지만, 부산에서 했던 엄마의 도전들은 그 이야기의 깊이를 더했다.

 징-징징-징-징징-징-징.

 도착 시각에 얼추 맞춰 휴대전화 진동이 미친 듯이 울리기 시작했다. 큰삼촌이었다. 부산에는 큰삼촌이 살고 있다. 큰삼촌은 예전에도 한 번 배웅을 나오신 적이 있었다. 엄마가 수술하기 전 인사하려고 방문했을 때였다. 그때 엄마와 누나, 나까지 셋이 내려갔었다. 큰삼촌은 우리를 차에 태워 부산 곳곳을 안내해 주셨다. 광안대교를 지나고, 태종대도 갔고, 감천문화마을에서 벽화를 구경했다. 청사포 모노레일도 탔다. 그중 가장 기억에 남은 것은 바닷가 근처에서 먹었던 양념장어구이였다. 바로 먹을 수 있게 익혀 나오는데, 매콤하고 달짝지근한 양념이 잘 배어 있었다. 살은 오동통하고 쫄깃해서 한입 베어 물었을 때 맛과 식감이 너무 놀라워 눈이 휘둥그레졌던 기억이 난다. 그런 나를 보며 큰삼촌은 마치 예상한 반응이라는 듯 뿌듯하게 웃으셨다.

부산을 '회고의 여정' 첫 번째 도시로 정하자 엄마는 곧바로 큰삼촌에게 연락했다. 이번에도 큰삼촌이 배웅을 나오기로 했다. 나는 부산으로 향하는 KTX에서 멍하니 창밖을 바라보며 생각했다.
'양념장어구이…, 먹고 싶다… 꿀꺽.'
"삼촌! 안녕하세요. 잘 지내셨어요?"
"어, 그래, 승희야. 어디야? 여기 입구가 좀 복잡한데, 오른쪽으로 오면 오토바이가 많이 있거든. 거기로 우선 와."
"오토바이요? 저희 지금 여기가…." 뚝.

KTX에서 내리자마자 받았던 큰삼촌의 전화는 내가 대답을 하기도 전에 끊겼다. 당혹스러울 만큼 강렬한 첫인사였다. 어릴 적부터 왕래가 드물었던 탓에 큰삼촌이 어떤 분인지 확실히 알지 못했지만, 이전의 부산 당일 여행과 이번 전화로 조금은 짐작할 수 있었다. 기차에서 내려 큰삼촌을 만나기까지 부재중 전화는 무려 여섯 통이나 찍혀 있었다. 첫 만남부터 급한 큰삼촌을 보니, '아, 내가 정말 부산에 왔구나.' 하는 실감이 났다.

쾅!
"아니! 엄마. 문 살살 닫으라니까."
"아, 맞다! 맞다! 다음부터 살살 닫을게. 미안해."
엄마는 언제나 힘이 넘친다. 차를 탈 때마다, 내릴 때마다 문을 부실 듯 세게 닫는다. 택시를 탈 때면 기사님들의 따가운 눈총을 받았던 적이 한두 번이 아니다. 차주에게 실례가 될 수 있다는 걸 알면서도 잘 고치지 못했다. 20대 초반까지만 해도 그런 엄마가 답답했다. 분명 구체적으로 설명하고 확실히 말씀드렸는데, 왜 달라지지 않을까. 짜증을 낸 적도 많았다. 하지만 짧게 잡아도 20년, 일로 환산하면 무려 7,300일이다. 그 긴 시간 동안 몸에 밴 습관을 하루아침에 바꾸기란 쉽지 않을 것이다. 나는 변화만 바라면서 그만큼의 시간과 여유를 주지 않았던 것이 아닐까.

요즘 사회를 보면 나이가 지긋한 어른들에게 변화를 요구하는 경우가 많다. 길거리 흡연, 젊은 사람들에게 반말, 임산부 배려석에 무턱대고 앉는 행동…. 물론 고쳐야 할 행동들이다. 하지만, 그런 요구를 하면서도, 그들이 바뀔 시간을 충분히 주고 있는가? 나는 가끔 이 질문을 스스로에게 던진다. 이해할 수 없는 어른들의 행동을 볼 때마다, 곧바로 비난하기보다 그들이 어떤 시대를 살아왔는지, 그 배경을 한 번쯤 생각하면 좋겠다. 조금만 너그럽게 이해하려 한다면 세대 갈등도 줄어들지 않을까. 요즘은 고집 센 어른들과 그들을 향해 날카롭게 비판하는 친구들을 본다. 젊은 사람들의 목소리는 점점 높아지는데, 자기 행동을 고치기에 부담스러운 나이 많은 분들은 점점 사회에서 도태될 수 있겠다는 생각에 이른다. 이는 지극히 나의 개인적인 생각과 바람이다.

엄마를 보며 이해하고 깨달은 점들이 이렇게 사회적인 시선으로 확장되는 순간, 가정에서의 경험과 교육이 얼마나 큰 영향을 주는지 새삼 느낀다.

"큰삼촌, 안녕하세요!"

"오빠!"

부재중 전화 여섯 통 만에 만난 큰삼촌이라 반가움이 밀려왔다. 이제 휴대전화가 울리지 않을 거란 안도감도 컸다.

"한○ 콘도? 그곳에 아파트를 지으면 안 되는데…. 아휴, 태풍이 불면 유리창이 다 깨지고, 물이 쏟아지고, 파도가 항상 쳐서 유리창이 깨지기 일쑤인데, 뉴스에도 잘 안 나와."

"지나 해수욕장? 그때 비가 엄청나게 왔지, 아주 그냥!"

엄마는 큰삼촌을 만나자마자 옛이야기로 정신이 없었다. 지나 해수욕장에서 시작해 울산으로의 이동, 다른 가족들의 이야기, 핫도그를 팔았던 추억까지, 한 번도 들어본 적 없었던 엄마의 기억들이 쏟아져 나왔다. 뒷자리에 앉아 조용히 듣고 있던 나도 중간중간 웃음이 새어 나오는 재미난 이야기들도 많았다. 나는 창밖을 바라보며 그 순간들을 조용히 음미했다. 저 멀리 웅장한 대교와 파란 바다가 펼쳐졌다. 예전에도 느꼈지만, 부산은 바다가 있어 그런지 다른 여행지보다 더 설레는 묘한 느낌이 있다. 여행지 중의 여행지랄까. 특히 나는 윤슬을 좋아한다. 밝은 햇빛이 울퉁불퉁한 바다 표면으로부터 튕겨 내 눈에 들어오는 그 광경은 유독 아름답다. 엄마가 부산에서 빠르게 적응했던 이유도 비슷한 느낌이려나.

"오빠, 그때 내가 삐끼 했잖아. 오빠, 기억 안 나지? 그때

깡패들이 막 하지 말라고 했잖아. 칼부림 난다고!"

엄마와 큰삼촌은 해운대로 향하는 내내 옛이야기에 심취해 있었다. '삐끼'는 음식점 앞에서 손님을 끌어들이는 사람을 뜻한다. 나도 이때 처음 들어본 단어라 검색하고 알았는데, 일본어로 '끄는 사람'을 의미하는 '히키'에서 유래한 표현이라고 한다. 일제강점기의 영향일까. 대개 내 나이 또래는 이 '삐끼'보다 '호객'이라는 표현에 더 익숙하다. 그런 사람들 종종 보지 않았나. 바닷가 앞 음식점에서 부채 하나 들고 등받이 없는 의자에 앉아있다가, 사람이 지나갈 때면 후다닥 나와서 들어오라고 손짓하는 사람들. 엄마도 20대 때는 그런 '삐끼'였다. 아니 호객꾼. 엄마는 손님을 잘 끌어왔을 것 같다. 내가 어렸을 때 엄마는 매우 예뻤다. 그리고 열정도 넘쳤다. 자세한 얘기는 듣지 못했지만, 엄마가 떡볶이 가게를 홀로 운영하는 것을 옆에서 본 바로는, 손님을 끌어오는 일쯤이야 젊은 엄마에게는 쉬운 일이었을 것이다. 물론 깡패 아저씨들이 엄마더러 하지 말라고 한 데에는 내가 알지 못하는 이유가 있었겠지만.

"아, 맞아! 그때 삐끼들이 서로 칼부림을 해서 내장이 다 쏟아져서 병원에 갔잖아. 하하하." 큰삼촌이 말했다. "내장이요…? 안 죽었어요?" 조용히 듣고 있다가 내장이라는 단어에 귀를 의심하며 나도 모르게 되물었다. 내장이라니! 너무 갑작스럽고 충격적인 전개였다. 주로 상상을 하며 이야기를 듣는 내 머릿속에는 갈매기가 하늘을 자유롭게 비행하고, 엄마는 가게 앞 의자에 앉아 부채질하고 있었는데, 그 평화롭던 상상의 나래에 내장을 쏟아내며 쓰러지는 사람이 더해졌다.

"내장 쏟아진 건 잘 안 죽어! 씻어서 넣고 꿰매면, 괜찮지. 며칠 지나니까 삐끼 하러 잘만 돌아다니던데."

"에? 으아, 거짓말!"

"내가 왜 거짓말을 해! 진짜야, 하하하."

엄마와 큰삼촌의 옛이야기가 얽히며, 어느새 차 안의 분위기는 따뜻한 웃음으로 가득 찼다.

도깨비 괴담을 들어본 적이 있는가. 엄마와 큰삼촌은 분위기를 이어가며 옛날 도깨비 이야기를 꺼냈다. 예전에는 어린아이들이 종종 실종되곤 했는데, 그 원인을 새벽에 나타나는 도깨비가 아이들을 홀려 데려간 탓으로 여겼다는 괴담이었다.

"도깨비 괴담? 그게 뭐야?"

"옛날에는 도깨비가 사람을 홀린다는 이야기가 있었어. 잠결에 홀려서 밖으로 나가다가 강이나 호수에 빠져 실종되기도 했지. 도깨비가 홀리는 거야!"

큰삼촌 역시 그 도깨비 괴담의 당사자였다. 그의 이야기를 듣고 나니 큰삼촌의 사고방식이 정말 범상치 않다는 확신이 들었다. 큰삼촌이 초등학교 저학년이었을 때, 잠든 자신을 도깨비가 문을 열고 잡아당겼다는 것이다. 그런데 큰삼촌은 무서워하기는커녕, 단잠을 방해받은 것에 화가 나서 집 밖으로 나가 도깨비와 한바탕 싸웠다고 했다. 결국 승리를 거둔 큰삼촌은 그 도깨비를 밧줄로 묶어놓고 다시 잠자리에 들었다는 것이다. 보통 도깨비에게 끌려갔다면 공포에 떨 법한데, 오히려 짜증이 나서 맞섰다니. 예상을 뒤엎는 전개에 나는 웃음을 참을 수 없었다.

"너 오늘 새벽에 밖에서 뭐 했어?"

"저요? 왜 그러세요?"

"아니, 새벽에 시끄러웠는데, 아침에 나와 보니까 빗자루가 밧줄에 묶여 있더라고."

다음 날, 큰삼촌의 아버지였던 할아버지가 물으셨다. 알고 보니 큰삼촌은 새벽에 빗자루와 격렬한 사투를 벌였다고 한다. 몽유병이었을까, 아니면 정말 도깨비였을까? 그 빗자루를 도깨비로 착각한 것인지, 도깨비가 빗자루로 둔갑한 것인지는 영원한 미스터리로 남았다. 한편, 큰삼촌과 옛이야기를 나누는 엄마를 보니, 엄마도 누군가의 여동생이라는 사실이 더욱 진실하게 다가왔다. 엄마가 "오빠"라고 부르는 모습은 다소 낯설었고, 평소 내 앞에서 보여주던 천진난만한 모습과는 또 다른 면이었다. 의도하지 않았지만 첫 여행에서 큰삼촌을 만난 것은 참으로 다행스러운 일이었다. 오빠와 여동생으로 돌아간 그들을 지켜보며, 앞으로 남은 네 번의 여정도 무사히 마쳐 엄마의 삶이 온전히 담긴 책으로 완성되기를 간절히 바랐다.

우리는 여정 곳곳에서 인터뷰를 진행했다. 부산행 KTX 안에서, 중간에 들른 카페에서, 그리고 숙소에서도. 엄마의 지난 이야기를 듣기 위한 여행이니만큼, 대화할 시간을 확보하는 것이 무엇보다 중요했다. 큰삼촌과의 마지막 일정을 마친 후, 우리는 숙소로 이동했다. 부산 KTX 역 근처에 있는 중간 규모의 호텔을 선택했는데, 투숙객에게 라운지 바를 무료로 제공해 주어 매력적이었다. 생각보다 늦게 도착한 우리는 짐을 대충 던져놓고, 노트북만 챙겨 라운지로 향했다. 분위기를 위해 몇 가지 안주를 준비하고, 평소 즐기지 않던 와인과 맥주를 따랐다. 그리고 첫 번째 인터뷰를 위해 노트북을 열었다. 그 첫 이야기는 엄마의 가출 이야기로 시작되었다.

'가출…? 엄마가…?'

15
엄마에게도 어린 시절이 있었다

 부산 이야기를 본격적으로 펼치기 전, 엄마가 이곳에 오게 된 연유로 시간을 거슬러 올라갔다. 엄마는 고등학교 2학년 때 가출을 했다고 했다. 충격적이었다. 이야기의 서두부터 '가출'이라는 단어가 튀어나올 줄이야.
 "가출이라고?"
 순간 아차 싶어 "우와! 더 얘기해 줘!"라고 수습해 보았지만, 내가 엄마에 대해 얼마나 무지했는지 당황스러움이 얼굴에 그대로 드러났다. 이렇게 정 많고 웃음 많은 엄마가 집을 뛰쳐나왔다니. 받아들이기 어렵다기보다는 낯설었다. 하지만 이내 엄마의 과거 속으로 천천히 빨려들어 갔다.

 엄마는 당시 집이 답답해서 나왔다고 했다. 정확한 계기는 기억이 흐릿하지만, 오빠들에게 혼나는 것이 지겨워서였다고 한다. 물론 오빠들 나름의 이유가 있었겠지만, 엄마 역시 자신이 말썽꾸러기였음을 솔직히 인정했다. 이 가출 사건을 이해하려면 엄마의 어린 시절을 들여다봐야 한다. 엄마는 어려서부터 이사를 자주 다녔고, 초등학교 시절만 해도 세 번이나 전학을 했다. 잦은 전학 때문에 새로운 환경에 적응하기가 쉽지 않았고, 친구 사귀기도 어려웠다. 엄격한 오빠들 밑에서 자란 탓인지, 그 시절의 엄마는 지금과는 달리 소심한 성격이었고, 자신이 어떤 사람인지조차 제대로 알지 못하고 있었다.

이야기를 듣다 보니, 어릴 때부터 자기 생각을 표현하는 데 익숙해질 필요가 있다는 생각이 들었다. 자기표현에 능숙한 사람들은 자신의 성향을 빨리 파악해 나간다. 뭐랄까, 자신의 기질을 빨리 깨닫는다고나 할까. 훗날 내 아이에게는 충분히 대화하고 많은 질문을 던져 스스로를 표현할 기회를 주어야겠다고 다짐했다(물론 나는 아직 결혼하지 않았다).

엄마는 정말 눈물이 많으셨다. 이 부분만큼은 지금과 전혀 다르지 않다. 나는 어릴 때부터 엄마를 위한 작은 이벤트 준비하기를 즐겼다. 엄마는 그럴 때마다 보잘것없는 깜짝 선물에도 마치 천금을 받은 듯 펑펑 우셨다. 그 반응이 좋아서 케

이크나 선물을 줄 때면 일부러 문 뒤에 숨어 있다가 "짜잔!" 하고 나타나거나, 엄마가 화장실에 간 사이 선물을 준비해서 놀라게 해드리곤 했다. 엄마는 그런 작은 이벤트를 받을 때마다 늘 똑같은 말씀을 하셨다.

"해준 것도 없는데 왜 이런 걸 해줘…. 엉엉."

나는 때로 지나치게 이성적인 면이 있어서 엄마의 잘못된 행동에 잔소리를 하거나 화를 낼 때가 있다. 그럴 때면 엄마는 한동안 서운해하시다가, 결국 쌓인 마음을 쏟아내며 눈물을 흘리곤 하셨다. 눈물이 많은 엄마를 보며 한때는 단순히 자주 운다고만 생각했다. 가끔은 하고 싶은 말이 있어도 엄마가 또 우실까 봐 입을 다무는 상황이 답답하기도 했다.

하지만 지금은 눈물 많은 엄마가 참 소중하다. 감정에 솔직한 것, 이는 내가 갖지 못한 엄마만의 장점이며, 지금의 엄마를 더욱 빛나게 하는 요소라고 생각한다. 엄마의 삶을 돌아볼 때마다 '나는 그렇게 살 수 있었을까' 하는 생각이 든다. 사회를 경험할수록 그 감정은 더욱 깊어진다.

폐암 진단을 받고도 밝은 모습을 유지하며 하루하루를 웃음으로 채워가는 엄마. 슬프면 펑펑 울고, 기쁘면 온 세상이 들릴 만큼 웃는 그런 성격 덕분인 것 같다. 하지만 안타깝게도 울음이 많았던 탓인지, 엄마는 초등학교 시절 급우들에게 괴롭힘을 당하곤 했다. 괴롭힐 때마다 우는 모습이 재미있었던 걸까. 엄마는 학교에서 울보로 소문이 났다고 했다.

"아니, 왜 애꿎은 우리 엄마를 자꾸 건드린 거야!"

카페에서 엄마의 이야기를 듣다가 울화가 치밀어 나도 모르게 소리쳤다.

"내가 울어서 재밌었나 보지 뭐." 엄마는 담담하게 웃으며 답하셨다.

큰이모는 그런 엄마를 늘 옆에서 지켜주었다. 늘 이모로만 보던 큰이모가 갑자기 엄마의 옛 동화 속 등장인물로 나타나니, 묘한 반가움이 들었다. 큰이모의 어린 시절 모습을 상상하며 나는 웃음을 터뜨리기도 했다. 엄마가 생각하기에 학우들로부터 놀림받던 주된 이유 중 하나는 '냄새'였다고 했다. 실제로 엄마가 어렸을 적 몸에서 냄새가 나던 시기가 있었다. 하지만 그럴 수밖에 없었던 1960년대의 현실적 사연이 있었다. 엄마네는 가정 형편이 넉넉지 않았다. 당시 대한민국의 경제 상황을 고려하면 그리 특별한 이야기는 아닐지도 모른다. 엄마가 얼마나 어려운 환경에서 자랐을지 상상할 때마다

1969년을 배경으로 한 만화 『검정고무신』이 떠오른다. 찌그러진 냄비, 엿 바꿔 먹던 풍경들. 엄마가 들려준 이야기도 크게 다르지 않았다. 엄마 본인은 기억이 흐릿하다고 하지만, 가족들 말에 따르면 천막에서 살기도 했고, 앵벌이를 한 적도 있다고 한다.

 어린 시절 엄마는 높은 언덕 꼭대기 근처에 살았다. 그래서 겨울이 되면 기온이 유난히 많이 떨어졌고, 특히 언덕 사이로 불어오는 칼바람이 혹독했다고 한다. 겨울이 한창일 때는 물이 얼어 씻지 못하는 날이 잦았다. 운 좋게 물이 완전히 얼지 않아 작은 구멍으로 조금 나와도, 항상 양이 부족했다. 물이 얼면 엄마와 이모들은 어쩔 수 없이 이웃집에서 물을 길어와야 했다. 엄마는 추운 날 물을 받으러 이웃집에 가는 것이 조금 부끄럽기도 했고, 차갑고 무거운 물동이를 드는 것이 싫었다. 그래도 엄마에게는 늘 가던 단골 집이 있었다. 그 집에는 동네 반장이 살며 근처에서 구멍가게를 운영했다. 책임감 때문이었을까, 그분은 엄마가 물을 받으러 갈 때마다 기꺼이 문을 열어주었다. 하지만 엄마를 곤란하게 만든 사람이 바로 그 반장의 아들이었다. 어린 심술이었는지, 물을 받으러 온 엄마에게 일부러 문을 열어주지 않곤 했다.

똑 똑 똑

"저, 현숙인데요! 물 받으러 왔어요."

"싫어! 오늘은 안돼!"

무슨 이유인지 모르겠지만, 그 반장의 아들은 엄마가 자기 집에서 물을 받아 가는 상황을 영 마음에 들어 하지 않는 눈치였다. 그럴 때면 엄마는 추운 겨울에 더 멀리 떨어진 집으로 갈 수밖에 없었다. 엄마는 그 반장 집 아들을 싫어했다. 그런데 어쩌겠는가, 물은 받아야 하는데. 엄마를 보면 정말 감정에 충실하고, 하루를 행복하게 사는 사람처럼 보인다. 그러다가 가끔은 정말 현실적인 사람이라는 느낌도 받는다. 아마 어릴 적부터 불가피한 상황에 자주 놓이면서 현실을 일찍 이해하고 느꼈기 때문이 아닐까 싶다. 삶을 살아갈 때 너무 현실적이기만 해도 좋은 것은 아니다. 지나치게 현실적인 사고방식은 도전하거나 하고 싶은 일을 생각할 때, 발생하지도 않은 문제를 떠올리며 도전 자체를 지레 포기하기 때문이다.

어렸을 때 나는 오늘의 행복을 느낄 여유가 많지 않았다. 그래서 하루하루를 철저히 살고, 앞으로 발생할 수 있는 상황을 예상하며 스스로 대비하려 했다. 이런 삶은 나를 까다롭고, 지나치게 미래지향적이며 현실적인 사람으로 만들었다. 이러한 성향은 실패할 것 같고 막막한 도전 앞에서 나를 작아지게 만들곤 했다. 그래서 나는 크게 실패한 적이 없다. 이는 꽤 부끄러운 일이다. 크게 실패한 적이 없다는 것은, 한계에 도전하지 않았다는 뜻이기 때문이다. 가끔은 실패를 두려워하지 말고 용기 있게 도전해야 하는데, 그렇지 못하는 내 모습에 답답함을 느껴왔다. 만약 엄마가 조금 더 여유로운 환경에서 자랐다면 지금은 어떤 모습일까 상상해 본다. 홀로 분식집, 팥빙수 가게 등을 운영하며 치열한 자본주의 사회에서 살아온 그녀는 정말 대단한 삶을 이어왔다. 그런 엄마에게 현실적 부담이 덜했다면, 그녀가 품었을 도전의 규모는 훨씬 컸을 것 같다.

엄마는 물이 부족한 상황에서 아버지가 먼저 씻고, 그다음 오빠, 그다음 첫째 언니가 씻은 뒤 남은 물로 씻어야 했다. 물이 떨어지면 다시 이웃집에서 길어와야 했기에, 물을 아끼려고 아예 씻지 않거나 대충 적시기만 하는 날도 많았다(그런 상황이라면 나 역시 비슷한 선택을 했을 것이다). 이런 환경 탓에 초등학교 시절 엄마에게는 이가 있었고, 목뒤 옷깃도 자주 더러웠다. 담임선생님께 옷깃이 더럽다고 지적받거나 꾸중을 들었다고 했다. 자연히 냄새가 나게 되었고, 그것이 급우들에게 놀림받는 빌미가 되었을 것이다.

엄마의 이야기를 듣다 보면 종종 "세상이 좋아졌다"는 어른들의 말이 떠오른다. 그 짧은 한마디 속에는 각자의 깊은 사연이 숨어 있을 것이다. 그들이 그렇게 말할 때 어떤 과거를 떠올리는지 늘 궁금했다. 나는 사람들의 이야기에 관심이 많고, 한 사람의 이야기에서도 배울 것이 많다고 생각한다. 그래서 삶의 이야기에 큰 가치를 둔다. 하지만 '꼰대'라는 사회적 표현에서 보이듯, 세대 간의 대화가 점점 줄어드는 현실은 안타깝다. 이야기를 들을 때마다 새로운 생각이 떠오르고 기존의 사고가 더 깊어진다. 이런 순간이 더 많아지면 얼마나 좋을까. 내가 어려운 상황에 닥쳤을 때 절실히 필요한 조언과 대화가 요즘엔 너무 부족한 것 같다.

엄마는 초등학교 시절 특히 괴롭힘을 많이 당했다. 지금도 그 이유를 정확히 말하지 못한다. 몸에서 나는 냄새가 어느 정도 원인이었겠지만, 단순히 그것만은 아니었을 것이다. 내가 초등학교 다닐 때도 괴롭힘당하는 아이들을 보았지만, 대부분 특별한 이유 없이 당하는 경우가 많았다. 설령 이유가 있다 해도 지금 생각하면 사소한 것들이었다. 그저 자신들의 즐거움이나 과시를 위해 괴롭힐 대상이 필요했을 뿐이다.

어리고 철없던 아이들의 목표물에는 나의 외할머니도 포함되어 있었다. 독실한 기독교 신자였던 외할머니의 깊은 믿음이 그들에게는 낯설게 보였을지도 모른다. 아이들은 그런 낯섦을 이해하지 못하고 엄마에게 외할머니를 두고 이상한 아줌마라며 놀리곤 했다. 엄마가 중학생이 된 후 상황이 나아질까 싶었지만 오히려 더 심해졌다. 학교 친구들에게 맞기까지 했다. 한번은 주차장으로 끌려가 무릎을 꿇린 채 허벅지를 나무 막대기로 맞기도 했다.

"막대기로 허벅지를? 그 자식들 누군데! 아오, 짜증 나네."

아무리 오래전 이야기라 해도 엄마가 맞았다는 얘기를 들으니 화가 치밀었다.

"아니, 왜 때렸던 건데?" 내가 이야기를 끊고 물었다.

"그러게? 내가 왜 맞았지? 아무튼, 맞았어! 하하하."

참, 우리 엄마는 예나 지금이나 긍정적이고 밝다.

"그때 진짜 무서웠겠다…."

"아니? 그렇게 겁나진 않았어."

엄마는 어두운 주차장에서 허벅지를 맞아도 크게 겁나지 않았다고 했다. 어릴 적부터 삼촌들에게 맞고 자라 어느 정도 익숙해진 탓인지, 중학교 여학생들이 때리는 것쯤은 그다지 두렵지 않았다.

16
불개미파가 가져다준 선물

 이 에피소드는 내가 가장 흥미롭게 들었던 이야기였다. 내가 알던 엄마와는 전혀 다른 면모를 발견하게 되었고, 동시에 나와 누나가 왜 엄마의 자식인지 이해하게 된 대목이기도 했다. 엄마의 학창 시절은 나와 누나의 학창 시절을 합쳐 놓은 듯했다. 엄마는 소심했던 자신을 벗어나 새로운 자아를 찾게 된 전환점을 들려주었다. 그 이야기는 경미 언니에서 시작되었다. 경미(가명) 언니는 엄마의 이웃집에 살던 한 살 많은 언니로, 엄마가 다니던 학교 근처에서 꽤 유명한 인물이었다. 그러니까 소위 말하는 '일진', 막강한 권력을 가진 존재였다. 엄마는 이웃 사이라 경미 언니와 적당한 친분을 유지하고 있었다. 그러던 어느 날 경미 언니가 엄마가 괴롭힘당하는 것을 알게 되었고, 그때부터 엄마를 괴롭히던 아이들을 하나씩 혼내주기 시작했다.

나는 엄마가 경미 언니를 만난 것이 가정이라는 울타리를 벗어나 처음으로 자신의 목소리를 낼 수 있었던 계기였다고 생각했다. 누구의 눈치도 보지 않는 완전한 자유 속에서 엄마는 비로소 자신이 누구인지 찾아가는 여정을 시작한 것이다. 경미 언니가 엄마를 보호하기 시작한 뒤, 경미 언니의 보호를 받기 시작한 후 엄마는 그 언니와 함께 어울리게 되었다. 당시 엄마가 살던 동네에는 힘과 권력을 가진 중학생들로 이뤄진 '불개미파'라는 조직이 있었다. '불개미파'라니! 이름만 들어도 등골이 서늘해졌다. 그 유래가 무엇인지 너무 궁금했지만 엄마의 기억으로는 더 이상 알 수 없었다.

사실 '불개미파'라는 말을 듣자마자 웃음을 참지 못하고 크게 터트렸다. 이름만 들어도 영화나 드라마에나 나올 법한 느낌이었기 때문이다.
"불개미파? 하하하, 엄마가 불개미파였어? 대단한데?"
"근데 왜 불개미파야? 불개미한테 물린 사람이라도 있었나? 크크크."
나는 웃음을 참지 못하고 계속 깐족거리는 질문을 던졌다.
"왜 그렇게 웃어! 그때는 동네마다 다 그런 거 있었어. 전국에 불개미파만 한 서른 개는 됐을걸? 나 더 말 안 해!"

내가 너무 웃었는지 엄마는 금세 시무룩해졌다. 여러 번 사과하고 다시는 웃지 않겠다고 약속한 후에야 이야기를 이어 들을 수 있었다.

엄마는 경미 언니의 보호 아래 자연스럽게 '불개미파'와 어울리기 시작했다. 경미 언니를 등에 업은 엄마는 이제 무서울 게 없었다. 중학교 1학년 후반부터 엄마는 점점 흔히 말하는 '양아치'의 반열에 올랐다. 놀림을 받던 아이에서 '불개미파'의 일원이 된 것이다. 엄마에겐 마치 장원급제를 한 기분이었을지도 모른다. 그때부터 엄마는 완전히 달라졌다. 울던 모습은 사라지고, 자신감이 커지면서 말도 많아졌다. 스스로를 표현하는 데 능숙해지고, 음악과 춤에 소질이 있다는 것도 알게 되었다. 하지만 변화의 속도가 빨랐던 탓일까, 긍정적인 영향만 있던 것은 아니었다. 폐암 진단을 받기 전까지 줄곧 피웠던 담배도 그때 배운 것이었고 공부도 등한시했다. 그럼에도 중학생 시절의 엄마는 자신을 표현하는 법을 배우고, 새로운 정체성을 쌓아갔다. 비록 잃은 것도 많았지만. 한편, 이러한 내용을 아들에게 고백하기 어려웠을 텐데, 솔직히 털어놓은 것을 보면, 이 여정의 의미와 목적을 진정으로 받아들이고 있다는 생각이 들었다.

엄마의 명성은 빠르게 높아졌다. 이제는 같은 학교가 아닌 동네 친구들까지 엄마의 이름을 알았다. 심지어 엄마를 피하는 친구들도 생겨났다. 이야기를 들려주던 엄마는 그때를 떠올리며, 그렇게까지 되고 싶었던 건 아니었다며 후회와 아쉬움을 토로했다. 하지만 엄마가 원하든 원하지 않든 명성은 계속 커져만 갔다. 한번은 동네에 사는 한 학년 선배인 다른 학교 오빠가 엄마를 좋아하기도 했다. 다른 학교 오빠와 도대체 어디서 접점이 있었는지 궁금했지만, 묻지 않았다. 엄마는 그 선배가 자신을 좋아한다는 걸 눈치채고 이것저것 도움을 많이 받았다. 추운 겨울 물을 길어올 때 무거운 물통을 집까지 들어다 주기도 했다고 한다. 하지만 그 관계는 거기까지였다. 그의 순수한 마음에도 불구하고, 엄마의 기준을 넘기에는 부족했던 모양이다.

이 시기 엄마는 자신의 정체성에 새로운 국면을 맞이했다. 조금씩 반항하기 시작했고, 학교에서 생긴 용기 덕분인지 법보다 무서웠던 오빠들도 점점 덜 무섭게 느껴졌다. 원래는 정해진 시간에 집에 들어가야 했지만 가끔 늦게 들어가기도 했다. 초등학생 시절에는 자매들과 함께 집 앞 언덕에서 아버지가 퇴근하기를 기다렸다가 함께 올라가곤 했지만, 그런 일상도 점점 사라졌다. 나는 이 모든 변화가 그동안 집에서 억눌려 있던 감정과 욕구가 중학교에 들어서면서 한꺼번에 터져 나온 결과가 아닐까 생각했다.

'불개미파'에서 엄마의 위치는 참 흥미로웠다. 경미 언니 덕분에 장원급제를 이루었지만, 천성은 너무나 착해서 거친 것을 싫어했다. 간혹 패싸움이나 거친 놀이를 하는 날이면 이유를 대며 슬쩍 피했다. 오히려 엄마는 자신에게 생긴 영향력을 이용해 친구들을 도왔다. 괴롭힘당하는 친구를 보호하거나, 이유 없이 괴롭히는 친구를 말리기도 했다. 자신만의 확고한 철학이 있었던 것이다.

아마 중학교에 갓 입학했을 때였다면 괴롭힘을 당하는 친구와 같은 처지였겠지만, 장원급제한 엄마의 영향력은 실로 대단했다. 그만큼 등에 업은 '불개미파'의 힘이 대단했다고 볼 수 있다. 하지만 엄마는 결국 스스로 '불개미파'를 나왔다. 동네 또래 친구들이 자신을 피하기 시작했고, 엄마는 그들과 어울리고 싶었다. 착한 성격의 엄마는 본의 아니게 노출되는 거친 상황들에 회의감과 거부감을 느끼기 시작했다. 이러한 부정적 감정들이 쌓여 결국 '불개미파'에서 나가겠다고 선언했고, 엄마는 작은 산에 끌려가 혹독한 퇴사 절차를 밟게 되었다. 그때 정말 많이 맞았다. 학교 폭력 드라마에서 보던 그 주인공이 바로 엄마였다니. 비록 엄마의 눈이 밤탱이가 될 정도로 부어올랐지만, 그 대가로 '불개미파'로서의 생활은 종지부를 찍을 수 있었다.

많은 십대들이 중학생이 되면서 질풍노도의 시기를 겪는다. 더 조직화된 사회에서 복잡한 이해관계를 경험하고, 새로운 가치관을 쌓아가며, 자신이 누군지 고민하기 시작한다. 그렇게 더 깊은 단계의 자기 이해를 향해 나아간다. 하지만 자신에 대한 이해가 깊어지는 과정은 불안과 혼돈을 동반하기도 한다. 질풍노도의 시기를 다르게 해석하면 자기 이해의 과정에서 나타나는 불안과 혼돈의 표출이라 할 수 있다. 그래서 어릴 때부터 자신의 의견이나 목소리를 충분히 내지 못하고 수동적인 삶을 살았다면, 이 과정이 더욱 어렵게 느껴질 것이다. 또한, 자신의 감정 표현에 능숙하지 않기에 불안과 혼돈을 드러내는 과정에서 미성숙한 방식을 선택할 수 있고, 자칫하면 좋지 않은 방향으로 나아갈 수 있다고 본다. 네이버 지식백과에 따르면, '중2병'은 사춘기에 혼란을 겪는 아이들을 가리키는 속어로 통하지만, 실제로는 전 세대에 걸쳐 나타나는 증상이라는 해석도 있다. 사회가 피폐해지고 스트레스가 늘면서 분노를 조절하지 못하는 성인들이 늘고 있는데, '중2병'은 모든 연령대의 불안한 심리 상태를 반영하는 말이라는 것이다. 나는 학창 시절에 질풍노도의 시기를 겪지 않았다. 오히려 스스로에 대한 고민, 향후 진로, 앞으로 내가 밟아가야 할 삶의 다음 단계를 고민하는 최근 나의 모습이 질풍노도의 시기에 더 가깝다. 그렇다면 나는 왜 학창 시절에 그 '중2병'을 겪지 않았을까? 나름대로 고민한 끝에 내렸던 결론은 다음과 같다.

첫 번째는 엄마에게 받은 사랑 때문이다. 모든 부모가 자식을 사랑하지만, 중요한 것은 그 사랑이 아이의 가치관 속에서 가장 소중한 가치로 자리 잡을 만큼 충분히 표현되고 느껴져야 한다는 것이다. 내가 사랑을 얼마나 받았는지는 말하기 어렵다. 애초에 사랑이란 원초적이며 자기희생적인 비이성적 행동이기에, 받은 사랑을 언어로 표현하기는 쉽지 않다. 하지만 적어도 나는 결핍, 위기, 불안, 혼돈 등을 이겨내는 방식에서 사랑을 선택했다.

두 번째는 부모님의 희생을 일찍 깨달았기 때문이다. 엄마가 유치원 때부터 분식집을 운영했기에, 나를 키우기 위해 어떤 삶을 살고 어떤 희생을 하는지 가까이에서 지켜보며 성장했다. 그래서 엄마에게 걱정을 끼치는 것은 있을 수 없는 일이었다.

세 번째는 어릴 적부터 주체적이고 자유롭게 생각을 많이

했기 때문이다. 집은 나의 고민을 나눌 여유가 되지 않았다. 그래서 초등학교 때부터 대부분의 도전과 결정은 나만의 고민에서 시작되었다. 그렇기에 나 자신에 대한 이해가 높았고, 무엇을 추구하고 싶은지 알았다. 친구들의 기준이나 괜한 자존심 따위는 내가 추구하는 가치의 방향을 크게 흔들지 못했다.

마지막은 '대화'였다. 나는 엄마와 항상 대화를 나누었다. 하교 후 엄마가 운영하는 분식집에 들러 학교에서 있었던 일들을 주제로 늘 이야기를 나누었다. 그래서 나는 엄마에게 나와 관련된 것들을 표현하는 데 매우 익숙했다. 이러한 이유들 덕분에 나는 큰 일탈 없이 학창 시절을 보낼 수 있었다고 생각한다.

엄마의 이야기를 들으며 생각했다. 어렸던 엄마는 앞서 말한 것들에서 부족함을 느끼지 않았을까? 어쩌면 엄마는 자신이 어릴 때 받지 못했거나 부족하다고 느꼈거나 나중에 생각하니 좋지 않다고 여겼던 결핍을 나에게 물려주지 않으려고 최선을 다한 것이 아닐까.

17
바람같이 지나간 그 시절

    시간이 흘러 엄마는 고등학교에 입학했다. 지역 구석에 있는 상업고등학교였다. 주로 공부를 잘하지 못한 학생들이 다니는 학교였는지, 무서운 친구들이 많았다. 엄마가 이 학교에 가게 된 이유는 질풍노도의 시기를 거치며 공부를 거의 하지 않아 성적이 바닥까지 떨어졌기 때문이었다. 나는 이제야 평범한 학교생활 이야기가 펼쳐지겠구나 예상했다. 그런데 웬걸, 엄마의 찬란한 학교생활은 중학교에서 끝나지 않고 고등학교까지 이어졌다. 고등학교 이야기가 시작될 때 열차가 터널을 통과했는데, 어두워지는 주변과 소음은 다음 이야기가 평범하지 않다는 암시처럼 느껴졌다.

    엄마가 다닌 중학교는 몇 안 되는 두발 자유화 시행 학교였다. 당시 엄마는 과감한 쇼트커트를 하고 있었다. 고등학교에 입학하면서 학교 규정에 맞춰 머리를 길러야 했지만, 엄마는 그런 규정은 신경 쓰지 않았다. 입학식 날, 엄마는 쇼트커트를 유지한 채 교복 위에 더블코트를 입고 갔다. 교복을 입은 긴 머리 여학생들 가운데, 과감한 쇼트커트에 독특한 스타일의 코트를 입은 엄마의 모습은 동급생들에게 강렬한 인상을 남기기 충분했다. 첫 등교 이후 얼마 지나지 않아, 깊은 인상에 이끌린 몇몇 학생들이 친하게 지내자며 다가왔다. 그들은 대개 학생 지도부 선생님들과 다른 학교에까지 이름을 날렸던 학생들이었다. 입학식에서 보여줬던 강렬한 퍼포먼스 덕분인지, 무서운 동급생들과도 자연스럽게 친해질 수 있었다. 그렇게 고등학교 생활도 평범함과는 거리가 멀어지기 시작했다.

고고장이라는 청소년 클럽이 있었다. 나는 클럽을 가본 적이 없어서 어떤 곳일지 상상이 잘 가지 않았다. 엄마 말에 따르면 술은 팔지 않고 대신 콜라를 주문할 수 있었으며, 신나는 음악에 맞춰 사람들이 춤을 추는 곳이었다. 엄마는 고고장을 참 좋아했다. 오락부장이며, 인기투표 1위, 그리고 춤을 췄던 무대 경험까지. 중학교 때 쌓았던 경력을 바탕으로 고등학교에서도 그 경력을 이어갔다. 방학 때는 집에 잘 들어가지 않았다. 당시 태숙이라는 친구가 있었는데 그 친구 부모님이 모텔을 운영했다. 엄마는 방학이 되면 그 모텔에서 거의 살다시피 했다. 거기서 태숙이와 어울리며 시간을 보냈고, 심지어는 그 친구와 친구 엄마까지 셋이 단란하게 담배를 피운 적도 있다고 했다. 친구 엄마와 담배라니! 정말 놀라웠다. 담배와 관련된 얘기는 넣지 말라고 했지만, 그럴 수 없었다. 청춘과 낭만이 가득 담겨 흘러넘쳤던 엄마의 드라마를 후대에 전해주고 싶은 욕망이 너무 컸다. 엄마가 들려준 이야기는 하나하나가 평범하지 않았다. 다음 이야기를 예측하기가 어려웠고, 더욱더 흥미로워졌다. 마치 영화 주인공 같은 삶이랄까.

혹시 '바람'이라는 영화를 아는가? 간단히 설명하자면, 엄한 가정에서 자랐지만, 누나와 형과는 다르게 멋진 고교 시절을 보내고 싶었던 주인공 '짱구'의 이야기를 다룬 영화다. 그는 유일하게 집안에서 명문고에 진학하지 못한 골칫덩이로, 자신의 바람을 쫓는 과정을 그린 작품이다. 나는 이 영화를 너무 재미있게 봐서 대학생 시절에도 생각날 때마다 혼자 다시 보곤 했다. 개인적으로 매우 좋아하는 작품이다. 특히 짱구의 선함이 찌질함으로 표현된 장면들이 인상 깊었다. 짱구는 영화에서 양아치 서클에 들어가 거친 학교생활을 경험하지만, 피는 못 속인다고 그의 본성은 가족인 누나와 형처럼 올곧았다. 그래서 남에게 피해 끼치지 않는 순수함 덕분에 윤리적 갈등이 생길 때마다 짱구의 찌질한 허세가 더욱 영화의 재미를 더했다. 한 대 맞았다고 선배에게 쪼르르 달려가 일러바치고, 멋있어 보이고 싶지만 착하고 겁이 많은 내면이 상충하는 그런 연출이 특히 인상적이었다.

나는 엄마의 학교생활이 이 영화의 '짱구'와 같다고 생각했다. 똑같다고 할 수는 없지만, 어릴 적부터 채워지지 못했던 결핍과 자아 형성 과정에서 자신을 옥죄었던 환경적 요소들이 학창 시절의 방황으로 이어졌다고 느꼈다. 방황이라기보다는, 그제야 자유롭게 자신만의 자아를 형성해 나가는 과정이라고 생각했다. 엄마는 방학 동안 태숙이네에서 거의 살다시피 하다가, 어쩌다 한 번 집에 들어가면 오빠들에게 크게 혼났다. 그때마다 엄마는 외할머니 옆에 숨었고, 외할머니는 늘 엄마를 때리려는 오빠들을 막아주었다. 외할머니가 엄마를 보호했다는 이야기를 듣고 스쳐 지나간 장면들이 떠올랐다.
'아, 그래서 엄마가 누나를 지켜줬구나…'

나의 누나가 잠시 방황할 때 아버지가 심하게 야단치려 했다. 그럴 때마다 엄마는 누나를 자신의 뒤로 숨기며 최선을 다해 막아주곤 했다. 아버지는 물건을 던지기도 했는데, 가장 자주 던지던 것이 TV 리모컨이었다. 그래서 어릴 적 우리 집 리모컨은 항상 어딘가 부서지거나 버튼이 없었다. 한 번은 엄마의 철벽같은 경계를 뚫고 아버지의 손에서 날아간 리모컨이 누나의 왼쪽 볼을 정확히 가격해 찢어진 적이 있었다. 그때 엄마는 소리를 지르다가 기절했는데, 아직도 그 장면이 생생하다. 나에겐 이런 생생한 기억들이 많다. 나는 이 상황에서 엄마가 누나를 무조건 감싸준 이유가 어릴 때 제대로 키우지 못했다는 죄책감 때문이라고만 생각했다. 하지만 엄마의 이야기를 듣고 나니, '반드시 그렇지만은 않겠구나.' 하는 생각이 들었다. 엄마가 아버지에게 혼나는 누나를 무조건 보호했던 이유는, 누나의 상황과 감정을 누구보다 잘 이해했기 때문이 아니었을까.

아, 정말 재미있다. 엄마의 학창 시절을 보며 누나와 나의 학창 시절을 비교하고 닮은 점을 찾아가는 과정이 흥미로웠다. 엄마의 옛이야기를 들으며 지금의 가족을 이해하고 깨달아가는 과정도 마찬가지로 매력적이었다. 어찌 보면 엄마가 잠시 방황했다고 할 수 있지만, 결국 그녀의 천성은 너무나 착해서 그 모든 방황이 삶의 지혜로 이어져 빛나는 어른으로 성장한 모습, 바로 여자 짱구, 정현숙이었다.

18
자유를 꿈꾸었던 소녀

고등학생이 된 엄마는 더 넓은 자유를 꿈꾸었다. 내 학창 시절을 돌아보면 중학교에서 자유를 만끽하던 학생들이 고등학생이 되면 조금씩 수그러들기 마련이었다. 하지만 엄마는 달랐다. 수그러들기보다는 더 큰 자유를 향해 한 걸음 더 나아갔다. 엄마는 하고 싶은 것들을 꼭 하고야 마는 편이었다. 나도 하고 싶은 일은 반드시 해봐야 직성이 풀리는 성격인데, 이 점에서 엄마를 닮았다. 엄마가 고등학교 2학년 2학기가 되던 시기, 특단의 결정을 내렸다. 그 당시에는 등록금을 학교에 직접 가져가서 납부해야 했는데, 엄마는 납부해야 할 등록금을 받아서 학교에 내지 않고 자유를 위한 자금으로 사용했다. 누나도 중학교 때 한 번 집을 나간 적이 있다(물론 얼마 지나지 않아 엄마에게 붙잡혀 돌아오긴 했지만). 당시 초등학생이었던 내 눈에 누나를 찾아 나서는 엄마의 모습은 정말 절실해 보였다. 그때 엄마의 눈빛을 잊을 수 없다. 많은 의미가 담긴 듯한 그 눈빛. 엄마는 누나를 바라보았던 것일까, 아니면 옛날의 자기 자신을 바라본 것일까?

집을 나갔을 당시 담임선생님이 집까지 찾아오기도 했다. 제자가 가출했으니 걱정될 만도 했다. 하지만 엄마는 담임선생님을 싫어했다. 잦은 지각 때문이었지만, 잘못할 때마다 훈육이라는 명목으로 때렸던 처벌의 강도가 지나쳤기 때문이다. 예전에는 교사가 학생을 많이 때렸다고 하지만, 지각 때문에 맞다가 넘어지는 엄마를 밟기까지 했고, 친구들이 선생님을 향해 그만하라고 소리쳤을 정도였다고 한다. 그래서 그런지 학창 시절에 관련된 이야기에서 담임 선생님은 좀처럼 등장하지 않았다. 한편 한 학기에 도대체 지각을 몇 번이나 했을지 궁금했다. 묻고 싶은 마음이 턱밑까지 다다랐지만, 엄마가 담임 선생님이 자신을 막 밟았다고 열변을 토해서 차마 물어보지 못했다.

결국 엄마는 퇴학 처리를 당했다. 퇴학! 가출이라는 단어를 들었을 때도 신선한 충격이었지만 퇴학이라니. 두 번째 충격이었다. 엄마의 학창 시절을 생각하면 떠오르는 단어들에서 가출과 퇴학이 차지하는 비중이 절반은 되는 듯했다. 엄마는 아직 학생일 나이였지만 학교라는 갈 곳이 사라졌다. 엄마는 안식처를 찾았고, 그 안식처를 '무아'라는 음악다실로 정했다. 거기서 일하는 대신 하숙하며 살았다. 고등학생 신분이라 단속에 걸리지 않게 몰래 일을 하면서 지냈다고 했다.

엄마가 집을 떠난 후, 시간이 어느 정도 흘렀다. 오빠들은 경제생활과 국가의 부름으로 집을 비우게 되었고, 엄마는 그들이 군대에 간 동안 다시 집으로 돌아가고 싶었다. 그러나 그럴 만한 명분이 없었다. 자신이 당차게 집을 나왔으니 제 발로 다시 들어간다니, 청춘과 낭만에 사로잡혀 있던 엄마는 그런 선택을 할 수 없었다. 나름 신중한 고민 끝에 엄마는 기발한 명분을 찾아냈다. 바로 발가락 무좀이었다. 엄마는 실제로 무좀이 심해져 난감하던 참이었다. 결국 무좀이 곪았다며 할아버지(엄마의 아버지)에게 전화를 걸었고, 자신의 계획대로 집에 다시 돌아갈 수 있었다.

할아버지는 퇴직 후 불행히도 사기를 당해 많은 돈을 잃었고, 어쩔 수 없이 남은 돈으로 작은 방이 딸린 슈퍼를 운영하게 되었다. 엄마는 그곳에서 외할아버지와 함께 살게 되었다. 그러던 어느 날 슈퍼에서 일하고 있는 엄마를 한 남자가 찾아왔다. 그 남자는 엄마가 집을 나가 '무아'라는 음악다실에서 하숙하며 일할 때 엄마에게 관심을 보였던 남학생이었다. 어떻게 알고 찾아왔는지는 모르겠지만(엄마는 우연이라지만 난 동의하지 않는다), 이 남자를 본 할아버지는 불안했다. 혹여 다시 엄마가 집을 나가 잘못된 길로 빠지지 않을까 염려한 것이다. 엄마는 할아버지와 대화 끝에 새로운 일을 찾고 성공적인 독립을 위해 부산으로 내려가기로 했다. 그렇게 엄마는 부모의 품에서 벗어나 부산에서 제2의 삶을 시작했다.

19

모녀 : 피로 이어진 두 여자의 평행선

 엄마의 삶에는 또 다른 복잡한 감정의 세계가 있었다. 그것은 바로 누나와의 관계였다. 어렸을 적 누나는 순하고 말을 잘 듣는 아이였다. 반면 나는 정말 많이 울었다. 엄마가 내 눈앞에서 사라지기라도 하면 울었고, 상황이 조금이라도 마음에 들지 않으면 곧바로 눈물을 쏟았다. 내가 얼마나 울어댔는지, 나를 키우는 일이 너무 힘들어 한 번은 제발 그만 울라며 나를 붙잡고 함께 울기도 했다. 내가 너무 말썽을 부렸던 탓인지, 영유아기 두 자녀를 동시에 키우는 일이 엄마에게는 너무 벅찼던 탓인지, 엄마는 나보다 순한 누나를 더 자주 혼냈다. 내가 잘못해도 누나가 혼났고, 누나가 잘못하면 더 심하게 혼나는 일이 반복되었다. 친척들조차 누나를 너무 많이 혼내는 것 같다며 걱정할 정도였다. 물론 나는 그 시절의 기억이 거의 없다. 아마 엉엉 울고 있었겠지.

엄마가 왜 그렇게 누나를 혼냈는지 나는 아직도 잘 모른다. 아마 직접 자녀를 키운 부모만이 이해할 수 있는 부분이 아닐까 싶다. 그러나 누나는 언제까지나 착한 아이로 남아 있지는 않았다. 초등학교와 중학교를 거치며 점차 엇나가기 시작했고, 조금씩 거칠어졌다. 초등학교 때는 친구 학부모가 엄마에게 누나에 대한 우려를 전하기도 했고, 점차 변해가는 모습을 보았는지 담임선생님은 엄마에게 딸을 조금 더 신경 써 달라는 상담 전화를 걸기도 했다.

중학교에서도 누나의 말썽은 이어졌다. 담배를 피우기 시작하고, 동네의 무서운 형들과 누나들과 어울리기도 했다. 누나뿐 아니라 엄마도 종종 학교에 가야 하는 일이 생겼다. 중학교 시절에 누나가 얼마나 이름을 알렸는지, 내가 그 학교에 입학했을 때 누나의 동생이라는 사실을 알아챈 어느 선생님은 나에게 칠판 지우개를 던지려 하기도 했다. 일종의 '말썽 피우면 가만두지 않겠다.'는 사전 경고였다. 누나의 사춘기는 중학교 시절에 정점을 찍었고, 고등학교를 거치며 다행히 무사히 경착륙에 성공했다. 조금씩 안정세를 되찾았고, 지금은 잘 지내고 있다.

어릴 적 순했던 누나의 변화에는 가정환경의 영향이 컸고, 어린 시절 충족되지 못한 결핍이 많은 영향을 주었으리라고 생각한다. 나와 같은 생각은 아니겠지만, 엄마 역시 부모로서 비슷한 마음으로 느꼈을 것이다. 이 책을 쓰면서 대화를 나눌 때마다 엄마는 학창 시절의 누나를 바라보며 자신을 비추는 거울을 보는 것 같다고 말했다.

"누나를 보면 거울을 보는 것 같아. 예전의 나와 너무 비슷해."

"왜 나와 같은 모습일까?"

"내가 담배를 피웠으니, 내 딸도 담배를 피운 걸까?"

지금도 엄마의 마음속에는 후회와 자기 비난의 감정이 쉽게 가라앉지 않는다. 누나에 대한 무거운 짐을 늘 지고 있는 듯하다. 요즘은 잘 지내고 있지만, 학생 시절 누나가 까칠하고 거친 모습을 보일 때마다 엄마는 마치 자신이 마땅히 받아야 할 벌을 받는 것 같다고 말했다. 지금도 엄마 마음 어딘가에는 자신에 대한 원망과 죄책감이 여전히 남아 있을 것이다.

나는 계속해서 그런 엄마를 바라본다. 그리고 어느 순간부터는 부모의 시선으로 누나를 바라보기도 한다. 지금까지 누나와 많은 갈등을 겪으면서도 큰 문제 없이 지낼 수 있었던 것은 엄마를 이해하려는 노력 덕분일 것이다. 그렇게 노력하면서 내 안에서 점점 선명해진 것은 '엄마'라는 이름 아래 숨겨진 복잡하면서도 아름다운 한 인간의 모습이었다. 어린 시절, 한 사람의 삶을 이해하기에는 너무 미숙했던 나는 엄마와 누나 사이에서 많은 스트레스와 답답함을 느꼈다. 그러나 이제 엄마의 삶을 이해하고, 누나의 삶을 이해하며, 그 둘의 이야기를 잇고 보니 이보다 더 인간적인 엄마와 딸의 이야기는 없다는 것을 깨닫게 되었다. 내가 영화감독이나 작가였다면, 엄마와 누나의 삶을 소재로 영화 한 편을 만들었을 것이다. 대한민국의 엄마와 딸 사이에 흐르는 복잡한 갈등, 애정, 사랑, 현실, 그리고 진한 삶의 이야기를 담아낸다면, 아마 많은 모녀에게 깊은 인상을 남길 수 있을 것이다. 제목과 주제를 정해본다면, 이렇게 될 것이다.

제목: 나를 비추는 딸
내용: 결코 끊을 수 없는, 피로 이어진 두 여자의 평행선

백만 관객은 문제없을 것이다.

20
까꿍! 어묵 하나 드시고 가세요

 부산에 내려간 엄마는 자매와 함께 나이트클럽 앞에서 우동 장사를 시작했다. 처음에는 여러 업체에서 납품받은 어묵으로 노점 판매를 시작했는데, 그 거리에서 처음으로 물떡과 물어묵을 팔기 시작했다. 그러다 어묵 납품을 특정 업체로 고정했는데, 그 업체가 바로 그 유명한 '미도어묵'이었다. 당시에는 크게 알려지지 않았지만 지금은 누구나 한 번쯤 들어봤을 정도로 유명한 곳이다. 엄마와 나는 부산의 깡통골목을 거닐며 이야기를 나누었다. 시장 곳곳을 둘러보았지만, 엄마는 나와 같은 풍경을 보면서도 마치 30여 년 전의 기억 속으로 들어간 듯한 눈빛이었다. 특히 미도어묵 앞에서 한참을 가만히 서 있던 엄마를 나는 멀리서 지켜볼 수밖에 없었다. '엄마는 지금 무엇을 보고 있을까' 하고 생각하면서.
 우동 장사를 했던 경험은 엄마에게 큰 즐거움을 안겨주었다. 무서운 오빠들을 피해 부산으로 내려온 심정도 있었지만, 그와 별개로 신나는 클럽 음악이 크게 울려 퍼지는 활기찬 분위기는 한때 오락부장이었던 엄마에게 완벽한 근무 환경이었다. 손님이 많아 정신없이 일하면서도 너무나 즐거워했다. 가게 이름은 '까꿍'이었다.

"까꿍? 왜 가게 이름이 까꿍이야?"

"이유? 특별한 건 없는데? 그냥 했어. 귀엽잖아, 크크크. 까꿍!"

이름에는 특별한 이유가 없었지만, 귀여운 이름 덕분인지 '까꿍'은 상당한 인기를 끌었다. 나이트클럽 앞에서 가장 먼저 자리를 잡았기에 입지도 좋았고, 사장이 젊어서 상대적으로 평균 연령이 높았던 손님들에게 더 많은 호감을 받을 수밖에 없었다. 손님들은 클럽에 들어가기 전 입장을 기다리며 어묵을 먹었고, 술에 취해 잠시 나와 한숨 돌릴 때도 먹었으며, 놀고 나서 돌아가기 전에도 어묵을 찾았다.

그 나이트클럽은 부산 서면에 있었고, 당시에는 너무 유명해 사람들 대부분이 알았다. 택시를 타면 대표적인 랜드마크처럼 종종 언급되곤 했다. 아직 크게 알려지지 않았던 시절에도 가수들이 와서 공연하곤 했다고 한다. 나는 그 나이에 대학교에서 공부하며 세상을 배워갔지만, 엄마는 젊음과 활력으로 가득한 3년을 나이트클럽 앞 노점에서 보내며 또 다른 방식으로 성장했다.

 엄마는 클럽 앞 '까꿍'에서 일하면서 클럽 관계자들과 어느 정도 인연을 맺게 되었다. 비록 짧은 인연이었지만, 이 만남은 엄마의 다음 경력으로 나아가는 결정적인 계기가 되었다. 당시 그 나이트클럽은 장사가 너무 잘되어 회계 관련 업무에 많은 인력이 필요했다. 부장이 엄마가 일하는 모습을 유심히 지켜보고 있었는지, 경리로 일하지 않겠느냐는 스카우트 제안을 했다. 엄마는 그 제안에 당혹스러움을 감추지 못했지만, 한 번도 '자신만의 일'을 한 적이 없던 엄마에게 조직에 소속되어 월급을 받는다는 것은 매우 매력적인 제안이었다. 며칠을 고민한 끝에 결국 그 제안을 받아들이기로 했다.

 당시 경리팀은 엄마를 포함해 대략 여섯 명 정도였고, 경리로 일하는 사람에게는 '숙식'이 제공되는 조건이었다. 돈을 다루는 업무였고, 현금의 단위가 커 보안이 중요했기 때문이다. 엄마는 경리로 일하는 동안, 다섯 명의 동료와 함께 숙소에서 생활하며 나이트클럽으로 출퇴근했다. 같은 공간에서 지내다 보니 경리 여섯 명은 서로 자연스럽게 가까워졌고, 특히 엄마와 비슷한 또래였던 두 명과는 유독 친해졌다. 엄마가 폐암 진단을 위해 생체 검사를 받고 그 결과를 확인하기 전 부산에 갔을 때, 꼭 한번 만나고 싶다던 친구가 바로 그때 함께 일했던 경리 중 한 명이었다.

21
협상의 미학

 엄마는 경리로 일한 지 2년 만에 회사를 그만두었다. 일이 크게 힘들거나 맞지 않았던 것은 아니었지만, 반드시 하고 싶었던 일에 도전하기 위해서였다. '까꿍'과 경리 일을 하며 돈을 어느 정도 모아둔 덕분에, 새로운 출발을 앞두고 더 이상 망설일 이유가 없었다. 그 새로운 시작은 바로 카메라였다. 엄마는 정식으로 배우기도 전에 카메라와 비디오부터 먼저 구매했다. 혼자 이곳저곳 돌아다니며 건물이든, 사람이든, 눈에 보이는 모든 것을 찍으며 독학으로 연습했다. 그러다 어느 정도 자신감이 생기자, 예식장이나 돌잔치 같은 작은 행사들을 찾아다니며 프리랜서로 활동을 시작했다.

 내가 살던 동네에서는 생일이면 친구들을 초대해서 파티를 여는 것이 하나의 문화였다. 파티에 초대받은 친구들은 문방

구 아저씨가 예쁘게 포장한 선물을 들고 파티에 왔고, 생일 주인공은 초대한 친구들에게 밥을 사주거나, PC방 비용을 내주곤 했다(집안 형편이 괜찮으면 둘 다 해주기도 했다). 나도 딱 한 번 집에서 생일 파티를 연 적이 있었다. 생일 파티를 하면 돈이 꽤 든다는 걸 어렴풋이 알았지만, 그때는 눈 한 번 딱 감고 엄마에게 졸랐다. 같이 놀던 친구들 대부분이 이미 생일 파티를 했고, 나도 어서 파티를 열어달라는 친구들의 눈치가 부담스러웠기 때문이었다.

이날 친구들이 하나둘씩 집에 모이자, 엄마는 기록으로 남기겠다며 어디선가 커다란 카메라를 꺼내 들었다. 그 카메라는 엄마 얼굴보다 더 커 보였다. 나는 그때 처음으로 카메라를 들고 있는 엄마의 모습을 보았고, 깜짝 놀랐다. 카메라가 집에 있는 것도 처음 알았지만, 무엇보다 엄마가 영상을 찍는 자세와 구도가 너무나 진지하고 평범하지 않았기 때문이다. 그때 찍은 비디오는 의외로 큰 도움이 되기도 했다. 생일 파티가 끝난 뒤, 우리 집 선반 위에 올려져 있던 포켓몬 딱지(당시 매우 희귀한 종류였다)가 없어져서 난리가 난 적이 있었는데 비디오를 되돌려 보고 범인을 색출하기도 했다.

프리랜서로 일하던 엄마는 어느 날 번뜩이는 아이디어를 떠올렸다. 바로 '비디오 촬영 판매'였다. 엄마의 이전 경험과 연관이 있는지는 알 수 없지만, 해운대에서 비디오를 촬영해 즉석에서 판매하겠다는 사업 아이템을 구상한 것이다. 지금으로 치면 일종의 시장 확장이었다. 당시 비디오는 VHS 테이프 방식이었고, 촬영한 직후 바로 테이프 형태로 제공할 수 있었다. 엄마는 바로 이 점을 활용하기로 했다. 구체적인 사업 모델은 해운대에 놀러 온 관광객들을 촬영하고, 그 영상을 VHS 테이프에 담아 판매하는 것이었다. 비판적으로 생각해도, 그 당시 사진을 찍어주는 사람은 많았지만, 비디오를 촬영해 주고 즉시 영상을 제공하는 사람은 없었기에 분명히 차별화된 사업 아이템이었다.

엄마는 설레는 마음으로 무작정 카메라를 들고 해운대로 향했다. 해운대에 도착한 그녀는 사람이 가장 많은 곳 근처에 작은 수기(手記) 팻말과 책상을 놓고 영업을 시작했다.

"사진, 비디오 찍어드려요~"

사람을 응대한 경험이 많은 엄마는 모래사장 곳곳을 누비며 영상 촬영을 알리는 영업을 했다. 그러나 하루도 채 지나지 않아, 그 도전은 거의 시도도 못 하고 처참히 무너졌다. 기존 상인들의 제재 때문이었다. 엄마가 오기 전부터 이미 해수욕장에 합당한 자릿세를 내며 사진 촬영으로 장사하던 할아버지들이 있었기 때문이다. 그들은 해운대 일대를 장악하고 있었는데, 갑자기 찾아온 젊은 여성이 세도 안 내고 장사하는 것이 마음에 들지 않았던 모양인지, 관리국에 신고했고, 엄마는 쫓겨나게 되었다.

하지만 포기는 없었다. 자리가 문제라면 자리를 구하면 된다고 생각했다. 엄마는 자리를 받을 수 있는 곳을 찾아 해운대 해수욕장 일대를 누볐다. 잘 구해지지 않던 도중, 엄마의 눈에 분식집을 운영하던 청년이 보였다. 옳거니, 기회였다. 엄마는 그 분식집에서 떡볶이를 사 먹으며 대화를 시도했다. 처음에는 가벼운 이야기를 하면서 웃으며 라포(친근감)를 형성했다.

"저기요, 혹시 여기 옆에 모니터 하나만 놓고 비디오 장사해도 될까요?"

적당한 타이밍을 보며, 동정심을 유발해 그 청년에게 간곡히 부탁했다.

"여기서요? 음…. 잠시만요."

잠시 고민하던 청년은 분식집 바로 뒤편에 있던 음식점으로 향했다. 엄마는 그가 음식점 안으로 들어가는 모습을 보며 뭔가 잘못됐다는 예감이 들었다.

"뭘 하신다고요?"

음식점에서 나타난 여성이 엄마에게 날카롭게 물었다. 그녀는 청년과는 이미지가 전혀 달랐다. 마치 게임에서 만난 최종 보스처럼 위압적인 아주머니였다.

"아니…. 제가 여기서…."

알고 보니 그 음식점의 사장님이 청년의 부모님이었다. 예상치 못한 '보스'의 등장에 엄마는 상당히 당황했고, 결국 현실적 권력자였던 음식점 사장님에게 퇴짜를 맞고 말았다. 핵심 인물을 잘못 선택한 결과였다. 자리를 구하려는 첫 번째 시도가 실패로 돌아갔다.

나는 상당히 이상적인 가치를 추구하는 사람이다. 하지만 세상은 생각만큼 이상적이지 않다. 인간이 만들어 놓은 세상과, 그리고 그 세상이 말하는 '현실'이라는 것이 무엇인지 정확하게 이해할 필요가 있다. 그 생각에 이끌려 간호사에서 공단으로, 공단에서 사기업으로 이직하며 근무하고 있다. 영리를 최우선으로 삼는 사기업에서 일하다 보니 자본주의 사회가 어떤 곳인지 몸으로 배우고 있다. 또한, 그간 인식하지 못했던 부분에서 중요한 깨달음을 얻는 일도 많았다. 그래서인지 사회 경험이 쌓일수록, 어릴 적에 대수롭지 않게 생각했던 엄마의 모습들이 다시 떠올랐고, 그 모습들이 결코 사소한 것이 아니었음을 새삼 실감하게 된다. 그중 하나가 바로 '협상'이다. 협상은 삶에서 매우 중요한 역량이자 기술이다. 학생 때는 내가 협상을 절실히 할 기회가 없어서 이 기술의 필요성을 잘 몰랐다. 하지만 과업을 부여받을 때도, 물건을 구매할 때도, 인사팀과 연봉을 조율할 때도, 회사 면접을 볼 때도, 기저에는 '협상'이라는 틀이 깔려있다. 양자가 동의할 수 있는 수준에서 의사 결정을 내리면서, 그 과정에서 내가 원하는 바를 최대한 쟁취하는 것. 이것이 내가 생각하는 협상의 정의이다. 이 정의를 바탕으로 엄마의 과거 행적들을 되돌아보면, 상당히 높은 협상력을 갖추고 있었다.

엄마는 늘 협상 테이블에서 자신이 목표한 결과의 대부분을 얻어냈다. 그 과정에서 상대방과 큰 논쟁을 벌이는 법도 없었다. 엄마는 모든 것을 알면서도 모르는 척했고, 동정심을 유발하는 간곡한 부탁을 기막히게 잘했다. 특히 채소를 아주 값싸게 살 때 그 능력이 빛을 발했다.
"아니, 이게 뭐예요? 사장님, 여기 엄청나게 상했네요!"

"어우, 이게 뭐가 상해요?"

"저번에 집에 가서 손질했는데 절반은 버렸어요. 아휴, 얼마나 아깝던지. 그냥 3천 원에 주세요."

"3천 원이요? 남는 게 없어요. 진짜 안 돼요."

"이거랑 저거 같이할 테니까 4천 원으로 해주세요. 자자, 얼른 담아주세요."

이렇듯 대화의 흐름은 항상 비슷했다. 겉으로 보기에는 별것 아닌 대화 같지만, 자세히 들여다보면 놀라운 기술들이 숨어 있다. 엄마는 짧은 시간 안에 팔아야 할 당위를 찾아내고, 그러지 않을 때 입을 심각한 손해를 사례로 들어 상대방을 설득했다. 또한, 무리한 조건을 제시하여 상대방을 흔든 뒤, 그들이 받아들일 만한 협의안을 제시함으로써 처음부터 목표한 결과를 손에 넣었다. 그 과정에서 상대방의 기분을 상하게 하지 않았고, 신뢰 형성도 놓치지 않았다.

가끔 옆에서 지켜보다 보면 '이건 협상이라기보다는 너무 무리한 요구 아닌가?' 싶을 때도 있었다. 그럴 때면 뒤에서 조용히 엄마 손을 툭툭 치며 만류하곤 했다. 하지만 그렇다 해도 엄마의 요구대로 상황이 흘러간 경우가 많았다. 이런 능력이 대단하다는 것을, 내가 사회생활을 시작하고서야 실감했다. 누군가에게 내가 원하는 바를 요구하고 설득해 결국 쟁취하는 것은 필수적 역량이지만 실제 해보면 정말 어렵다. 다행히, 나는 엄마를 따라 시장에 자주 다니면서 원하든, 원하지 않든 협상 테이블에 함께 앉아 협상 기술을 간접적으로 배웠던 셈이다. 어렸을 때는 민망해서 엄마를 말렸지만, 대학생이 되어서는 '아, 이런 게 삶이구나.'라고 생각하며 엄마 편에 서서 함께 협상 테이블에 올랐다. 사소한 협상에 익숙해지니, 혼자 장을 볼 때 가격표가 뚜렷이 붙어 있는 물건조차 마감 시간을 이용해 흥정을 시도해 보곤 했다.

"사장님! 이거 조금만 더 깎아주시면 안 될까요?"

"어우, 안 돼요. 남는 게 없어요."

"이제 마감 시간이잖아요. 그러면 이거랑 옆에 있는 것도 같이할게요!"

이런 시도를 자주 할수록 협상이 성사될 확률도 높아졌다. 협상은, 결국 타협이자 조정이다. 각자의 상황에 맞춰 서로의 이익을 최대화하려고 벌이는 논의이다. 친구와도, 시장의 채소가게 주인과도, 회사의 거래처와도 언제든 마주할 수 있는 일이다. 협상의 과정은 비슷하지만, 테이블의 크기에 따라 성과가 달라진다. 나는 엄마 덕분에 이 중요한 기술에 일찍 익숙해질 수 있었다. 이 모든 영광을 협상의 달인인 엄마에게 돌린다.

22

씹으면 씹을수록 길어지고 질겨지는 추억

"문도 두드린 자에게 열린다."라는 말이 있지 않던가. 젊은 엄마가 마음에 들었는지, 아니면 그저 순수하게 도와주고 싶었는지, 분식집 청년은 엄마에게 해운대 바닷가 바로 앞에 있는 콘도 1층에서 카페를 운영하는 사장님을 소개해 주었다. 사장님과 협상해서 그 카페 앞에 자리를 얻었고, 월세를 내고 장사를 시작하게 되었다. 엄마는 원래 계획했던 비디오 사업을 시작할 생각이었지만, 그 자리는 비디오 사업을 하기에는 적합하지 않다고 판단했다. 결국 계획을 수정해 분식집을 운영하게 되었다. 돌고 돌아 분식이었다. 급히 수정된 계획이었지만, 다행히도 대박이 났다. 손님이 너무 많아 여름철 성수기 한 달 반 동안 하루에 4시간씩 자면서 장사를 해야 했다. 이야기를 들을수록 신기했다. 어떻게 그토록 젊은 나이에 해운대에서 비디오 사업이든, 분식집이든 해보겠다는 용기를 낼 수 있었는지 궁금했다. 지금 글을 쓰는 이 순간에도 그 원천은 잘 파악되지 않는다. 나와 비슷하면서도 다르다.

바닷가 앞 노점에서 분식 장사를 하려면 불을 사용해야 했고, 이때 필요한 것이 LPG 가스통이었다. 허리께 높이에 달하는 크기에 무게만 스무 킬로그램은 족히 넘는 그것을, 엄마는 직접 옮기고 교체했다. 가스통을 옮기고 교체하는 데도 나름의 요령이 필요하다며 어깨를 으쓱했다. 초등학교 시절, 의정부에서 떡볶이 장사를 하실 때에도 가스통을 능숙하게 굴리고 세워 옮기던 모습이 아직도 눈에 선하다. 비스듬히 세워 동그란 바닥 면을 이용해 데굴데굴 굴리며 원하는 곳으로 옮기는 그 프로다운 모습은 정말 멋있었다. 아마도 엄마의 강인한 체력은 이때의 경험들이 차곡차곡 쌓이며 다져진 것이 아닐까.

노점에서 어떤 음식을 팔았는지 전부 듣지는 못했지만, 예전에 '까꿍'을 운영할 때 어묵도 판 경험이 있었고, 가장 인기 메뉴는 팥빙수였다고 했다. 엄마의 팥빙수는 내가 먹어본 팥빙수 중 가장 맛있다고 단언할 수 있다. 지금껏 여러 관광지를 다니며 유명 가맹점에서 판매하는 다양한 팥빙수도 맛보았지만, 우리 엄마표 팥빙수만큼 맛있는 빙수는 없었다. 이건 결코 편애가 아니다. 나는 맛을 평가할 때 꽤 냉정한 편이라, 저녁밥을 먹으며 "오늘은 짜고 맛이 별로 없어."라고 솔직하게 말했다가 엄마를 울린 적도 여러 번 있었다(자랑할 만한 일은 아니지만). 팥빙수가 맛있는 비결은 바로 '팥'에 있었다. 엄마는 항상 국산 팥만 사용했는데, 팥을 압력 밥솥에 넣고 강한 압력으로 몇 시간 동안 삶은 뒤, 한 번 더 푹 끓였다. 정확한 시간은 엄마만 알고 있다. 그렇게 삶아진 팥을 먹으면 마치 살얼음이나 잘 익은 소고기처럼 입에 넣자마자 사르르 녹았다. 아마 엄마가 하루에 4시간밖에 못 잤던 이유는 이 팥을 준비하느라 들어가는 공이 컸기 때문일 것이다. 그때의 하루 일정은 대략 이랬다. 노을이 질 무렵 출근해 밤새 장사하고, 해가 뜰 무렵 집으로 돌아왔다. 집에 도착해서 4시간 정도 눈을 붙이고 일어나 다시 팥을 삶았다. 그리고 그 팥과 필요한 식자재들을 챙겨 다시 해운대로 출근했다. '대체 새벽에 누가 빙수를 사 먹는 거지?'라는 의문이 들기도 했지만, 그만큼 엄마 팥빙수가 맛있었다는 증거였다고 본다. 잠을 충분히 자지 못하니 몸은 피곤했지만, 엄마는 늘 즐거웠다고 했다. 손님이 팥빙수를 받아 한입 먹고는 눈앞에서 "정말 맛있다!"라며 아낌없는 찬사를 보낼 때마다, 쌓였던 피로가 순식간에 보람으로 바뀌었다. 그때를 떠올리던 엄마는 기억에 남는 에피소드가 있다며 몇 번 박수를 치고는 신나는 표정으로 다시 이야기를 이었다.

노을이 바닷가를 붉게 물들이기 시작할 무렵, 오토바이 부대가 찾아온 적이 있었다. 그들이 타고 있던 기종은 지금도 도로에서 가끔 볼 수 있는, 오래됐지만 기품 있는 '할리'였다. 사람들이 많이 오가는 와중에도, 그 동호회 사람들은 지나던 길에 엄마 가게에 들러 팥빙수를 주문했다. 할리 오토바이는 대당 가격도 비싸고 덩치도 큰데, 그런 오토바이가 십여 대나 작은 노점 앞에 줄지어 서니 의도치 않게 작은 모터쇼가 열린 셈이었다. 몇 분도 지나지 않아 엄마 가게를 중심으로 사람들이 몰려들기 시작했다. 구경꾼들은 오토바이를 배경으로 사진을 찍느라 분주했고, 카메라 셔터 소리가 사방에서 들려왔다. 동호회 사람들은 그런 관심이 익숙한 듯 여유롭게 웃으며 팥빙수를 즐겼다.

그러나 그런 경험이 처음이었던 엄마는 잠깐이나마 연예인이 된 기분이었다며, 들뜬 마음으로 그 어느 때보다 신나게 팥빙수를 만들었다. 그날 매출은 최고 기록을 세웠고, 퇴근길에 느낀 성취감은 말로 표현할 수 없을 만큼 컸다고 한다. 그 설렘 가득했던 순간은 지금도 엄마의 기억 속에 선명하다. 엄마는 그 짧은 장사로 꽤 많은 돈을 벌었다. 순이익만 300만 원에서 400만 원 가까웠다. 참고로 당시 대학 등록금이 50만 원 정도였고, 교사 초임 월급도 50만 원 수준이었으니, 당시 물가를 생각하면 엄청난 수익이었다. 엄마는 이때 모은 돈으로 이후 결혼할 때 부모님께 손 벌리지 않고, 오히려 키워주셔서 감사하다고 작은 용돈까지 드리고 결혼할 수 있었다.

또 한 번은 택시에 얽힌 기억이다. 개인적으로 엄마의 옛이야기 중 가장 좋아하는 일화이기도 하다. 엄마에게 택시는 매우 중요한 이동 수단이었다. 장사가 끝나는 시간이 늘 이른 새벽이었고, 장사에 필요한 물품들을 옮기려면 무조건 택시를 이용해야 했다. 엄마는 퇴근할 때 택시 뒷자리에서 그날 하루 동안 벌어들인 현금을 정리하곤 했다. 노점 장사였기에 계산은 대부분 현금이었다. 장사가 너무 잘 돼서 현금을 세고 묶는 데 시간이 꽤 걸렸다. 목적지에 도착할 때까지 다 정리하지 못한 날도 많았으니, 그 돈이 얼마나 많았는지 짐작할 수 있다.

"아니, 엄마, 너무 위험했잖아. 그러다 잠들면 어떡해!"

"그러니까 그때는 참 겁이 없었지."

막 장사를 시작했을 무렵의 일이었다. 이른 새벽, 가게를 정리한 후 집으로 향하는 택시에서 현금을 정리하다가 너무 피곤한 나머지 깜빡 잠이 들고 말았다. 당시 엄마는 20대 중반의 젊은 여성. 사람도 거의 없는 새벽, 택시 안에서, 손에는 현금을 다발로 쥐고 바닥에는 돈이 흩어진 채 잠들어 있었다.
"손님, 도착했습니다. 일어나세요~ 많이 피곤하죠?"
"네…?! 어머!"
엄마는 기사님의 목소리에 깜짝 놀라 눈을 떴고, 손에 들고 있던 돈과 바닥에 흩어진 지폐들을 보자 등골이 서늘해졌다. 그때 기사님이 운전석에서 내려 뒷자리로 다가오자, 엄마는 속으로는 비명을 질렀다고 한다. 그런데 기사님은 부드럽고 조심스러운 목소리로 말을 건네며, 바닥에 떨어진 돈을 하나하나 주워 정리해 주었다. 어린 나이에 새벽까지 청춘을 불태우는 엄마를 보며 무언가를 느끼셨던 것 같다. 그다음 날에도, 다음다음 날에도, 그날 이후 택시 기사님은 엄마를 데려다주기 위해 늘 퇴근 시간에 맞춰 해수욕장 입구로 왔다.

'택시운전사'라는 영화가 있다. 광주에서 일어난 아픈 역사를 배경으로, 외신 기자에게 진실을 알리는 데 목숨을 걸었던 택시 운전사들의 실화를 다룬 영화다. 극장에서 이 영화를 보며 눈물과 콧물을 쏟았던 기억이 있다. 그만큼 나에게 깊은 감명을 준 작품이었다. 나는 엄마에게 따뜻한 배려를 베풀었던 그 택시 기사님을 떠올릴 때마다, '영화 속 주인공 같은 사람이 아닐까?' 하는 상상을 해본다. 물론 영화 속 택시는 서울 택시였고, 이 일은 부산에서 있었지만 말이다. 택시 운전은 수많은 사람이 생업으로 삼고 있는, 사회에 꼭 필요한 일이다. 겉으로 보면 단순히 누군가를 원하는 곳으로 이동시켜 주는 일이지만, 어떤 사람들은 그 일을 하면서 자신만의 의미와 가치관을 실현한다. 영화 속 택시 운전사처럼, 엄마의 청춘에 잠시 함께했던 그 택시 기사님처럼 말이다. 그들의 태도는 누군가의 삶에 잊을 수 없는 기억을 남기고, 감사의 마음을 심어준다.

우리는 살아가면서 돈을 벌기 위해 일을 한다. 어떤 사람은 일을 단지 생계 수단으로만 여기지만, 어떤 사람은 그 일로 자신의 가치관을 꿋꿋이 실현해 나간다. 나 역시 그런 사람이 되고 싶어 늘 고민하고 노력하지만, 말처럼 쉽지 않다. 실제로도 그렇게 사는 사람도 많지 않아 보인다. 누군가에게 "당신에게 일은 어떤 의미인가요?"라고 물으면, 대부분 "돈을 벌기 위한 수단"이라고 대답하는 이가 많다. 심지어는 "그 이상의 의미를 찾지 말라."고 조언하는 이들도 있다. 나는 그들을 존중하지만, 동의하지는 않는다. 같은 일을 하더라도 거기에 자신만의 가치를 부여하며 사는 사람들이 분명 존재하기 때문이다. 엄마는 여전히 그때의 택시 기사님을 기억하며 진심으로 고마워한다. 이 책으로 그 인연이 다시 이어질 수 있기를 바란다.

엄마가 들려준 해운대 이야기는 길어야 석 달이었다. 그러나 이야기를 들으며 느껴지는 표정과 손짓, 그리고 전해오는 감정들은 마치 3년을 말하는 듯했다. 추억이란 본디 그런 것이다. 기억 또한 그렇다. 하루를 열흘처럼 길게 추억할 수도 있고, 열흘을 한순간처럼 짧게 기억할 수도 있다. 나이가 들면 추억 속에 산다고들 말한다. 다시 오지 않는 그 시절이지만, 지나간 시간은 기억 속에 오래 살아 숨 쉰다. 시간이 흐를수록 슬펐던 일은 짧아지고, 행복했던 일은 더욱 길게 늘어난다. 행복한 일들만 가득하길 바라지만, 현실은 그렇지 않다. 삶에는 언제나 고통이 있고, 우리는 그 고통 속에서 종종 더 선명한 행복을 발견한다. 어쩌면 그래서 행복한 순간은 실제보다 훨씬 더 길게 기억되고, 더 오랫동안 마음속에서 빛난다. 우리는 그 시간을 곱씹으며 그때의 단맛을 음미한다. 그래서 나이가 들수록 추억은 더욱 길어진다. 행복이 매일 반복되는 삶이 과연 우리가 바라는 삶일까? 아니면 고통 속에서 발견한 행복을 오래도록 되새기며 사는 삶이 더 깊이 있는 삶일까? 어느 쪽이 더 이로울지, 한 번 곱씹을 만하다.

23
결혼의 목적과 너라는 이유

 엄마는 부산에서 생활하던 중 문득 결혼해야겠다는 결심이 들었다. 그때 엄마에게 남자 친구가 있었던 것도 아니다. 그런데 갑자기 결혼이라니. 엄마는 마음 한편에 늘 독립을 꿈꿔왔다. 엄마의 성향과 당시 시대적 배경을 짐작하면, 집에서 받는 답답함이 상당했을 것이다. 가부장적인 분위기, 엄격한 오빠들까지. 물론 오빠들이 엄격했던 데에는 엄마가 미처 헤아리지 못한 그들만의 사정도 있었을 것이다. 엄마가 결혼을 결심한 속내에는 분명 독립이라는 이차적 목표가 있었다. 정확히 말하면, 엄마는 독립하고 싶어서 결혼하려던 것이었다. 그 목표를 이루기 위해 엄마는 전략적으로 움직였다. 친구의 예복을 빌려 스스로 여권 사진을 찍고 인화했다. 그리고 아는 사람들에게 사진을 건네며 이렇게 말했다.

 "친구야, 나 결혼하고 싶어. 좋은 사람 있으면 알려줘."

지금은 SNS로 가장 잘 나온 사진을 쉽게 전송하면 되지만, 그때는 인화한 사진을 돌리는 수밖에 없었다. 그렇게 여러 번 사진을 돌렸지만 쉽게 기회가 오지 않았다. 그런데 뜻밖에도 기회는 친구 결혼식장에서 찾아왔다. 결혼식장에서 신부 측 하객석에 앉은 엄마를 본 그분이 먼저 마음에 들었는지 구애를 시작했다. 결혼식이 끝나고 친구를 거쳐 연락이 닿았고, 결혼을 간절히 원하던 엄마는 큰 고민 없이 만나기로 했다. 두 사람은 모두 결혼 적령기를 지나 있었기에 만남은 빠르게 연애에서 결혼으로 이어졌다. 사실 엄마는 과묵하고, 재미도 없었던 그분에게 크게 끌린 것은 아니었지만, 결혼도 하고 싶고, 독립도 하고 싶은 데다, 나이도 들어가고 있었으니 적절한 때라 생각했다. 그렇게 결혼식장에서 먼저 구애했던 그 남자가 곧 나의 아버지가 되었다.

그 시절의 엄마를 떠올리면, 나의 주체적인 성향은 엄마한테 물려받은 데가 많은 것 같다. 나 역시 어릴 때부터 결혼을 꿈꿔왔다. 연애 여부와 상관없이 20대의 큰 목표 중 하나가 결혼이었다. 그렇기에 스무 살 무렵부터 "내 이상형은 결혼하고 싶은 사람"이라고 줄곧 말하고 다녔다. 그리고 비슷하진 않지만, 나도 한때 스스로 명함을 만들어 주변 지인들에게 나눠주려고 했던 적이 있었다. 물론 그것은 결혼을 위한 명함은 아니었다.

　결혼 후 엄마는 부산에서 대구로 와 결혼 생활을 시작했다. 아버지가 대구 사람이었기 때문이다. 엄마는 아버지와의 신혼이나 결혼 생활에 대해 자세히 얘기해주지 않았다. 앨범 속 옛날 사진을 보면 해줄 이야기들이 있는 것 같았지만, 나는 굳이 묻지 않았다. 그저 엄마는 아버지와 잘 맞지 않았다고만 말했다. 그럴 만도 한 것이, 아버지는 토종 대구분으로, 세상에 잘 알려진 것처럼 매우 가부장적인 사람이었다. 물론 모두가 그런 것은 아니다. 원래도 말이 없고 과묵한 편이던 아버지는 결혼 후 말이 더 없어지고 과묵함은 거의 묵언으로 바뀌었다고 한다. 술도 매일 마시다시피 할 정도로 좋아하는 것도 함께 살고 난 뒤에야 알게 되었다고 했다.

　내가 기억하는 아버지도 비슷했다. 마치 집안의 왕과 같았다. 아버지가 리모컨을 가져오라 하면 괜스레 긴장하며 건넸고, 보고 싶은 프로그램이 있어도 조심스럽게, 공손하게 여쭤야 했다. 내가 먼저 TV를 보고 있더라도 아버지가 리모컨을 드는 순간, 그날의 시청은 끝이었다. 아버지의 심기를 조금이라도 거스르면 그날 TV는 접은 셈쳐야 했다. 내가 중국 무협 영화를 유난히 싫어하게 된 이유도, 집안 TV에서 늘 흘러나오던 아버지의 취향 때문이었다. 엄마 역시 좋아하지 않았다. 그런 아버지가 진심으로 원망스럽기도 했지만, 한편으로는 안쓰럽기도 했다. 아버지를 조금 이해할 수 있었던 건 그의 성장 배경 덕분이었다. 대구에서 외아들로 태어나, 과묵하면서도 불같은 성격의 친할머니, 술을 좋아하던 친할아버지 밑에서 자라온 아버지는 어쩌면 외로운 어린 시절을 보냈을지도 모른다. 그럼에도 불구하고, 아무리 가부장적 시대였다 하더라도 내가 바라는 아버지의 모습과는 거리가 멀었다.

'그렇게 맞지 않는 사람인데, 결혼은 왜 했을까?' 평생 부모님을 지켜보며 차마 입 밖에 내지 못했던 질문이자, 지금까지도 선명한 답을 찾지 못한 의문이다. 아버지를 택해 결혼한 엄마에게 묻고 싶은 게 많았다. 정말 사랑했기에 결혼한 것일까? 아니면 결혼을 원했기에 사랑을 선택한 것일까? 나는 결혼을 하지 않았고, 그와 관련해 깊은 대화를 나눠본 적도 없으니, 여전히 이 물음 앞에서는 미숙한 아이에 머물러 있다. 그저 혼자 상상으로 덧칠하거나 지우기를 반복했을 뿐이다. 현실에서 벗어나고 싶어 결혼을 택했을 수도 있고, 그래도 부부였으니 두 손 맞잡고 아름다운 길을 걸었을지도 모른다.

(내가 본 건 사진 속에서 마주 잡은 두 분의 손이 전부였다.) 그렇다면 엄마에게 '결혼의 목적'은 무엇이었을까?

  사실 '결혼'과 '목적'이라는 단어는 그리 좋은 조합이 아니라고 생각한다. '어떠한 것을 위해 결혼한다.'라는 표현보다는 '어떠하므로 결혼한다.' 그리고 '너이기 때문에 결혼한다.'가 더 이상적이고 낭만적인 결혼의 서술이다. 상대방이 아닌 다른 이유나 목적들은 결혼 후에 결혼을 선택한 이유로서 온전하지 않을 수 있다. 예를 들어, 여유롭게 살기 위해 돈이 많은 사업가와 결혼했다고 가정해 보자. 만약 상대방이 하던 사업이 망해 돈을 많이 잃게 된다면 결혼을 선택한 이유가 사라지고 그 결혼 생활은 불행한 방향으로 나아갈 수 있다. 하지만 온전히 상대방 그 자체가 결혼의 이유가 된다면, 현실이 어떻게 변하든 내가 결혼을 선택한 이유는 사별하지 않는 한 내 옆에 오래도록 존재할 것이다. 결혼을 결정할 때 상대방이 떠오르는 것이 아니라, 구체적인 목표나 이유가 명시된다면 그 결혼이 나의 사랑을 위한 것인지, 현실을 위한 것인지, 그것도 아니라면 개인적인 욕심을 위한 것인지 생각해 볼 일이다.

24
에이리언

　엄마는 대구에서 새로운 일을 찾다가 백화점에서 일하기 시작했다. 처음 배정된 업무는 백화점 앞 야외에서 가방을 판매하는 일이었다. 그 당시 엄마는 임신 중이었는데, 거의 만삭에 가까웠다. 게다가 가장 무더운 여름날이었다. 나는 대학생 때 보건소에서 임산부 체험을 한 적이 있다. 임신했을 때 몸에 얼마나 무게가 실리는지 체험해 볼 수 있는 프로그램이었다. 대략 30주 정도가 되면 태아의 무게는 약 1.2~1.5kg, 태반은 400g, 양수는 600g 정도 된다. 나는 28주 태아의 무게를 구현한 모형을 착용했는데, 그 순간 걷는 일조차 버거웠고, 숨 쉬는 것마저 답답했다. 이런 상태에서 계단을 오르고, 씻고, 버스나 지하철을 탄다니. 그 고됨은 예상되는 수준이 아니었다. 나는 고작 단 한 번의 경험만으로도 만만치 않았는데, 당시 엄마는 대단했지만, 너무 위험했다는 생각은 지울 수가 없다. 돈을 벌어야 했기에 어쩔 수 없는 선택이었겠지만, 겁도 없었던 것 같다.

 그 당시 가방 업체는 엄마가 일하던 아웃렛과 계약을 맺고 건물 앞 야외 광장에서 부스를 설치해 가방을 판매했다. 엄마는 그 가방 업체와 기간제 근로 계약을 맺었고, 만삭에 가까운 상황임에도 계약 기간 동안 책임지고 열심히 일했다. 그간의 판매 경험 덕분인지 실제 판매 성과도 좋았다. 하지만 문제는 계약이 끝난 후 발생했다. 예정대로라면 계약 기간이 끝난 후 임금을 받아야 했지만, 이런저런 이유로 업체는 임금 지급을 몇 번이나 미루더니 결국 임금을 주지 않고 잠적해 버린 것이다.
 "임금을 안 줬다고? 미친 거 아니야?"
 "그때 배도 불렀는데 열심히 했거든. 가방도 잘 팔았어! 그래서 더 억울했지."
 만삭에 가까운 상황에서도 열심히 일해 가방도 잘 팔았는데, 잠적하다니 억울해서 가만히 있을 수가 없었다. 가방 업체와 연락이 닿지 않자, 엄마는 그 업체와 계약을 맺었던 아웃렛에 강력히 항의했다. 하지만 그들은 임금 지급의 책임이 업체에 있다며 같은 말만 되풀이했다. 포기를 몰랐던 엄마는 계속 로비나 사무실에 찾아가 항의를 계속했다. 절실함이 통했는지, 아웃렛의 고위 관리자에게 엄마의 상황이 전해졌고, 결국 1원도 빠짐없이 임금을 받아낼 수 있었다. 잠적했던 가방 업체는 이후 아웃렛과 계약하지 못했다는 소문도 들려왔다.

만삭에 가까웠던 엄마는 그 일이 마무리되고 얼마 지나지 않아 출산했다. 이때 태어난 사람이 나의 누나다. 누나를 출산했던 이야기는 내가 어렸을 때나 대학생이었을 때 아주 가끔 듣곤 했다. 주로 누나를 임신했을 때 느꼈던 첫 태동에 관한 이야기였다. 이번에도 어김없이 첫 태동 이야기였지만, 달랐던 점은 엄마로서의 서술이 아니었다. 그동안 삶에 관한 이야기를 들은 만큼, 이번에는 '엄마'로서의 모성을 내려놓고, 정현숙이라는 사람으로서의 인간적인 이야기를 들을 수 있었다.

나는 상상력을 자극하는 영화를 좋아하는 편이다. 새로운 행성을 찾아 떠나는 <인터스텔라>나, 제다이 혹은 요다와 같은 비현실적인 인물들이 등장하는 <스타워즈> 같은 영화들 말이다. 반면 엄마는 그런 판타지와 우주가 배경인 영화들을 좋아하지 않았다. 심지어 내가 가장 좋아하는 히어로 영화인 마블 시리즈도 나만큼 좋아하지 않았다. 그런데 유독 <에이리

언>이라는 영화는 좋아했다. 마블 히어로물이나 스타워즈와 같은 공상 과학 영화를 그리 좋아하지 않는데 우주선에서 전개되는 <에이리언>은 또 좋아한다니, 다소 의아했다. 그러나 출산과 첫 태동 이야기를 듣고 난 후에야 그 이유를 알 수 있었다.

 엄마가 누나를 임신했을 무렵, 혼자 영화 <에이리언>을 보고 있었다. 분위기를 내겠다며 커튼을 치고 불까지 모두 꺼둔 채였다. 마침 화면 속에서는 외계 생명체가 인간의 뱃속에 기생하다가 어느 정도 자라자 숙주의 배를 가르고 튀어나오는 장면이 펼쳐지고 있었다. 외계 생명체가 나오면 기생했던 인간은 죽게 된다. 문제는 바로 그 장면이었다.
 "아니!! 내 배가 왜 이러지!!"
 울룩-불룩-으악!! 하필 외계 생명체가 인간의 배를 뚫고 나오는 그 순간, 엄마는 첫 태동을 느꼈다. 정말 기가 막힌 타이밍이었다. 긴장감이 극에 달한 채 영화에 몰입해 있던 엄마는 갑작스러운 움직임에 겁이 덜컥 나서, TV에서 가장 먼 구석으로 도망쳐 버렸다고 한다. 아마도 배가 터져 죽어가는 영화 속 인물과 잠시 자신을 동일시했던 것 같다. 이때의 두려움이 시간이 지나 미화되어 추억으로 자리를 잡은 것일까? 엄마가 영화 <에이리언>을 유독 좋아했던 데에는 다 이유가 있었다. 한편 첫 태동을 느껴 두려움에 휩싸였을 때, 엄마는 혼자였다. 홀로 구석에서 두려워했을 엄마를 생각하니 마음이 편치 않았다. 그때 얼마나 무서웠을까. 비록 나는 그때 세상에 존재하지 않았지만, 함께 있어 주지 못했다는 사실에 미안했다.

첫 태동 사건 이후 시간이 흐르고, 마침내 출산이 임박했음을 알리는 신호, '이슬'이 맺혔다. 엄마는 교육받은 대로 서둘러 병원으로 향했다.
"환자분, 가까운 시일 내에 출산할 가능성이 높으니 입원하시는 것이 좋겠습니다."
진료를 본 산부인과 전문의는 상태를 점검한 뒤, 이슬이 맺혔음을 확인하며 입원을 권유했다.
"아… 아니요! 조금 더 집에 있다가 오면 안 되나요? 집도 바로 근처라서, 이상한 느낌이 들면 바로 올게요, 선생님."
"다시 한번 말씀드리지만, 입원하는 게 좋습니다. 하지만 집이 가깝고 그렇게 강력히 원하신다면 그렇게 하셔도 됩니다. 대신 조금이라도 이상하면 바로 오셔야 합니다."

일반적으로 이슬이 맺히면 산통이 시작되고 곧이어 출산으로 이어지기 때문에 병원에서는 입원을 권장한다. 입원을 권유받았지만, 엄마는 입원하는 것이 무서워서 입원을 사실상 거부하며 집으로 돌아왔다. 하지만 집과 병원이 가깝다는 말은 사실이 아니었다. 집에 도착하자마자 엄마는 책상 위에 놓인 출산 관련 책을 펼쳤다. 출산 전 진통과 관련된 부분에는 진통의 강도에 따라 출산 과정이 어떻게 흘러가는지 그림으로 친절하게 설명되어 있었다. 책의 그림과 생생히 느껴지는 뱃속 아기의 움직임을 비교하며 출산을 기다렸다. 하지만 결국 자궁 입구가 거의 다 열릴 때까지 참고 있다가 걷지도 못하는 상태에 이르렀고 구급차에 실려 병원에 이송되었다. 병원에 도착하자마자 곧바로 분만실로 이동해 응급 분만을 진행했다.

"응애-응애-"

"축하드립니다. 예쁜 딸이네요!"

그 예쁜 딸이 지금의 우리 누나다.

임신과 출산은 지극히 인간적인 일이지만 동시에 고결한 희생과도 같다. 직접 경험하지 않은 이상 그 희생을 가늠한다는 것은 허무맹랑한 일이다. 임신과 출산은 단순히 생명의 탄생을 넘어 한 여성이 자신의 정체성을 새롭게 정립하는 과정이기도 하다. 그때의 엄마는 이제 더 이상 한 사람의 딸이 아닌,

또 다른 생명의 어머니가 되어 가고 있었다. 그 변화는 기쁘면서도 두려운 경험이었을 것이다. 인생의 새로운 장을 여는 고귀한 여정에서 엄마는 강인함과 연약함을 동시에 지닌 존재로서 나에게 그 모습을 생생히 들려주었다. 엄마의 이야기를 들으며 나는 그 고통을 이해하려 노력했고, 엄마가 겪었던 모든 것을 기억하며 앞으로 나아가고 싶다.

25
굳이 왜 안 해?

 엄마는 출산 후 몇 달간의 산후조리를 마치고 다시 일자리를 구했다. 선택한 곳은 과거 임금을 체불해서 문제가 있었던 아웃렛이었다.
 "뭐라고? 돈을 안 주려고 했던 그 아웃렛이잖아? 왜 거기를 다시 간 거야?"
 "나도 잘 모르겠어. 어쩌다 보니 다시 가게 됐네, 하하하."
 엄마가 일하게 된 곳은 아웃렛 지하 식품관이었다. 이야기를 들어보니, 당시 임금 체불 사태 때 만삭의 몸으로도 끝까지 책임을 다했던 엄마의 모습이 관리자의 기억에 깊이 남았던 모양이다. 나라도 그 관리자였으면 쉽게 잊지 못했을 것이다. 어떻게 연락이 닿았는지 모르지만, 엄마는 그 관리자에게 함께 일하자는 제안을 받았고, 이를 받아들였다.

엄마가 맡은 업무는 '사○어묵' 제품을 진열하고 판매하는 일이었다. 바로 옆에는 '대○수산'의 어묵도 판매되고 있었는데, 자연스럽게 묘한 경쟁 구도가 형성되었다. 엄마는 그곳에서도 빠르게 적응했고, 관리자의 기대를 뛰어넘은 판매 실적을 올렸다. 사실, 엄마는 사진이며, 분식, 팥빙수, 옷 등 정말 다양한 물건들을 팔아본 경험이 있었으니, 어묵쯤은 어렵지 않았다. 오히려 엄마는 일을 즐겼다. 옆 매대에서 경쟁 회사 어묵을 판매하던 직원과도 금세 친해져, 손님이 없을 때는 즐겁게 수다를 떨고, 손님이 많을 때는 누가 더 잘 파는지 경쟁하기도 했다. 같은 어묵이지만 다른 브랜드라는 점이 재미를 더했다. 무엇보다 엄마는 웃는 얼굴이 예쁘고, 그 웃음이 사람들의 경계심을 쉽게 풀어주었다. 아마 어묵이 잘 팔린 데에는 엄마의 그런 웃음이 큰 역할을 했을 것이다.

 엄마가 상사에게 대우를 잘 받았다는 사실을 실감했던 순간이 있다. 한 번은 고민 끝에 부서장에게 그만두겠다고 말한 적이 있었다. "저 조만간 그만둬야 할 것 같아요…. 아이 때문에…." 누나가 너무 어려 엄마는 육아에 조금 더 집중할 시간이 필요했다. 그런데 그만두겠다는 말에 관리자는 오히려 조건을 맞춰주었다. 계약직이던 고용 형태를 정규직으로 바꿔

주었고, 파격적으로 일요일은 무조건 쉬게 해주었으며, 퇴근 시간도 1시간이나 앞당겼다. 지금 복지가 좋다는 기업들이 제공하는 조기 퇴근 같은 제도를 엄마는 30년 전에 누리고 있었던 셈이다. 그만큼 아웃렛은 엄마를 붙잡고 싶어 했다.

"아니, 어떻게 하면 그렇게 인정을 받을 수 있어?"

궁금함을 참지 못한 내 질문에 엄마는 잠시 웃더니, 아주 간단하다는 듯 대답했다. "인사만 잘하면 돼."

많은 매출을 올린 비결이 인사라니. 엄청난 비밀을 기대한 것은 아니었지만, 그렇다고 이렇게 간단한 이유일 줄은 몰랐다. 곰곰이 돌이켜보니, '인사'는 엄마가 나를 키우면서 항상 강조하던 예의였다. 엄마는 늘 인사의 중요성과 웃어른에 대한 공경을 강조했다.

"승희야, 인사해야지. 자, 안녕하세요~"

"안녕하세요!"

엄마는 시장에 가든 마트에 가든, 어른을 마주치면 반드시 공손하게 인사하게 했다. 덕분에 인사가 습관이 된 나는 초등학교 입학부터 졸업 때까지 동네에서 마주치는 할아버지, 할머니, 아주머니, 아저씨 등 나이가 조금이라도 많아 보이는 모든 어른에게 허리를 90도 가까이 숙여 인사했다. 저 멀리서

할머니들이 옹기종기 모여 있는 모습이 보여도, 굳이 그 앞으로 가서 인사했다.

"안녕하세요? 할머니!!"

"어여, 또 왔네! 인사도 이쁘게 잘혀~"

그렇게 몸에 밴 인사 습관은 중학생, 고등학생, 대학생 시절을 지나 직장에서 생활하는 지금까지도 큰 도움이 되었다. 인사는 상대에게 좋은 인상을 주고, 관계를 한 발짝 더 가깝게 만드는 훌륭한 태도였다.

엄마에게서 기본적인 예의와 인사의 중요성을 배운 것, 그리고 인사를 했을 때 되돌아오는 따뜻한 보답을 경험한 것이 내 가치관에도 영향을 주었다. 나는 '굳이 왜 해?'라는 생각보다는 '굳이 왜 안 해?'라는 사고방식으로 바꾸었다. 하지 않아도 되는 일이었더라도, 긍정적인 반응이나 결과를 얻기 위해 한발 더 나아가려는 의지이다. 인사도 이 의지의 연장선이었다. 주변 사람들이 종종 "왜 그렇게 피곤하게 살아? 굳이 안 해도 되는 걸 왜 해?"라고 물어도 내 대답은 늘 같았다. "하면 좋잖아." 이러한 태도는 조직 생활이나 인간관계에서 좋은 결과를 만들었다. 누군가가 부탁하거나, 상급자가 일을 시켰을 때, 나는 해야 하는 일 이상을 하려 했다. 그런 태도는 결국 나에 대한 신뢰와 믿음으로 이어졌다.

사람의 관계에서도 마찬가지였다. 굳이 하지 않아도 되는 배려를 조금 더 챙기고, 신경 쓰면서 만나는 인연들을 더욱 의미 있게 만들 수 있었다. 덕분에 오가는 정은 더 커졌고, 비록 그 인연들이 영원하지 않다는 사실을 알면서도 그 순간만큼은 최선을 다해 소중히 대할 수 있었다. 인사 한마디가 사람의 관계를 어떻게 변화시킬 수 있는지를 몸소 보여준 엄마에게 깊이 감사한다. 삶의 작은 배려가 얼마나 큰 변화를 일으킬 수 있는지, 나는 엄마에게 배웠다.

"독자님들, 안녕하세요."

26

언제 신발을 벗고 양말을 벗나요

"근데 그렇게 오래 못하고 그만뒀어."
"그만뒀다고?!"

엄마는 잘 다니던 아웃렛을 갑작스럽게 그만두었다. "아니, 대우도 잘 받았잖아!" 일요일에도 쉬게 해주고, 정규직으로 전환까지 해줬는데, 왜 그만뒀을까. 들은 이유는 정말 예상하지 못한 것이었다. 바로 유산이었다. 어렸을 때 드라마에서 등장인물이 유산하는 장면을 보던 중, 엄마는 갑자기 이렇게 말했다. "어, 나도 유산했었는데!" 너무나 놀란 표정으로 엄마를 멍하니 바라보고 있던 나와 달리, 엄마는 간식거리를 입에 넣고 오물거리며 태연한 표정으로 시선은 계속 TV를 향했다. 순간 '유산이 별일이 아닌가…?' 하는 생각이 들 정도였다. 너무나 아무렇지 않은 모습에 놀라는 내가 다 무안해질 정도였다. 드라마에서나 보던 일이 엄마에게도 있었을 줄은 상상도 못 했다.

 그때 나는 고등학생이었다. 엄마가 일부러 그 말을 꺼낸 건지, 그냥 우연히 나온 말인지 궁금했지만, 묻지 못했다. 다만, 그때부터 엄마가 겪었던 유산에 대해 막연하게나마 알고 있었다. 아웃렛에서 일할 당시, 엄마는 본인이 임신한 사실조차 알지 못했다. 평소처럼 일에만 몰두했고 그러다 어느 날 갑작스럽게 하혈이 시작됐다. 새벽에 응급실로 실려 갔고, 그곳에서야 의사는 임신 사실과 동시에 유산 소식을 함께 전했다.

 엄마는 그때 어묵을 담당했기 때문에, 온도가 매우 낮은 냉장실은 물론 냉동창고까지 자주 오갔다. 임신 사실을 전혀 몰랐으니 무거운 물건도 마다하지 않고 번쩍번쩍 들었다. 이러한 근무 환경이 영향을 주었을 거라고 엄마 자신은 의심했지만, 병원에서 내린 유산의 주요 원인은 난자가 자궁에 제대로 착상하지 못했다는 것이었다. 결국 엄마는 새벽에 응급 수술을 받았고, 다행히 수술은 잘 끝나 일주일 뒤 다시 검사하러 오라는 말을 듣고 집으로 돌아올 수 있었다. 그러나 일주일 뒤 제대로 제거되지 않아, 재수술을 받아야 했다.
 "내가 너무 건강했나? 자궁이 너무 건강하면 유산하기도 한다더라!"

"어휴, 엄마는 정말 긍정적이라니까."

뜻하지 않게 맞닥뜨린 유산. 엄마는 회복하고 안정할 시간이 필요했다. 일하면서 나쁘지 않은 판매 실적을 올렸고, 큰 성취감도 느꼈다. 그러나 아웃렛과 '사○어묵'에서 일하면서 정들었던 인연은 아쉬움을 남긴 채 끝났다.

엄마의 퇴사 소식에 매장 동료들은 아쉬운 마음을 감추지 못했다. 하지만 그렇다고 엄마를 붙잡을 수는 없었다. 유산이라는 슬픈 소식 앞에서는 어떤 말도 할 수 없었으리라. 불행은 웃고 있을 때 등에 꽂히는 칼과 같다고 했다. 지혜롭게 불행을 헤쳐 나가려면 여러 덕목이 필요하겠지만, 그 첫걸음으로 긍정적인 생각만큼 강력한 것은 없다. 긍정과 합리화는 다르다. 엄마의 긍정적 사고방식은 내 주변 사람 중 단연 최우수 인재에 속한다. 그때나 지금이나 나는 엄마를 보며 긍정적인 사고방식을 배우고자 노력하고 있다.

엄마는 집에서 안정을 취하며 누나를 돌보았다. 그러나 오래 쉬지는 못했다. 수입이 끊긴 상황에서 마음이 편할 리 없었다. 무엇보다 불안한 마음이 컸다. 그래서인지 집에서 쉬는 동안 다시 돈을 벌 방법을 찾기 시작했다. 그때 선택한 것이 바로 부업이었다. 아직 밖에서 일할 수는 없었기에, 엄마에게는 그것이 유일한 길이었다. 부업을 시작하면서 들어오는 일은 거의 다 받았다. 우산 꿰매기부터 시작해, 마늘 까기와 밤 까기 등 가리지 않았다. 어릴 적에 고장 난 우산을 엄마가 고쳐주던 기억, 정월 대보름마다 숟가락으로 밤을 엄청난 속도와 정확성으로 까던 모습이 떠오른다. 그때는 어른들이 원래 다 그런 줄 알았지만, 사실은 이 시절의 부업 경험에서 비롯된 노련함이었다. 엄마는 내가 들은 것 외에도 여러 가지 부업을 더 했다. 홀로 외롭지 않았을지 걱정이 들었는데, 다행히 이웃에 살던 주부와 함께 부업하며 그나마 외롭지 않았다고 말했다.

유산을 하고도 곧바로 일을 시작하다니. '제대로 쉬신 적이 있었을까? 책임감이 무거웠던 걸까? 여유가 없었던 걸까?' 지금까지 정말 많은 일을 했지만, 아직 제대로 휴식을 취했다는 이야기는 들어본 적이 없다. 그 시대가 원래 그랬던 것일까. 잠시 숨을 고르고 쉬어 가는 것도, 삶의 방향을 다시 세우는 것도 여유가 있어야 가능한 일이다. 경제적인 여유가 없고, 현실의 책임감이 더 무거울수록 정신적인 여유도 사라진다.

멈추는 것도, 쉼도 용기가 필요하다. 하지만 짊어진 책임이 클수록, 여유가 없을수록 용기를 내기란 더욱 어렵다.

 그리고 마침내 엄마는 달리기를 멈추었다. 장장 40년에 걸친 긴 코스였다. 멈출 생각은 없었지만, 큰 부상을 입은 이상 중단은 어쩔 수 없다. 만약 암 진단을 받지 않았다면, 지금도 여전히 그 길을 달리고 있었을 것이다. 멈추고 나니 깨달았다. 그동안 이어 온 마라톤에는 정해진 결승점이 없었다. 단지, 멈추지 못했기에 계속 달려온 것뿐이었다. 이제 자식들이 독립할 시점에 이르자, 엄마가 달려야 했던 이유도 사라졌다. 결승점이 사라지고, 나아가야 할 이유가 사라진 지금, 그녀는 계속 달려야 할지, 아니면 멈추어야 할지 혼란스러워한다. 엄마는 지금 삶의 새로운 방향을 찾아야 하는 중대한 기로에 서 있다.

 나는 가끔 언제나 부지런히 굴러가는 세상을 보며 이런 의문을 품는다. 사람들은 무엇을 위해 이토록 치열하게 살아가는 걸까? 새벽 두 시에도 술에 취하지 않은 채로 부지런히 걸어가는 저 사람은 어디로 향하고 있을까? 그리고 그 모습을 멍하니 바라보는 나는 왜 이곳에 서 있는가? 사람들은 무엇을 위해 살고 있는가? 삶은 정말 멈출 수 없는 마라톤일까? 마치 트랙을 빼곡하게 메운 사람들이 보이지 않는 목적지를 향해 다닥다닥 붙어 달리는 듯하다. 퇴근길 지하철처럼, 모두가 각자의 굴레 속에서 바쁘게 움직이고 있다. 잠시 쉬고 싶어 트랙을 빠져나가려 해도, 너무나도 빽빽한 인파 때문에 빠져나가기조차 힘들다. 멈추려 뒤를 돌아보면 수많은 사람이 쫓아와, 막상 멈추는 것도 큰 부담이 된다. 발바닥에는 물집이 늘어 가는데, 옆에서 뛰는 사람은 자기 발바닥에 물집이 몇 개인지나 알고나 있을까.

"헉헉…, 저기요, 발바닥 안 아프세요? 물집 없어요?"

"뭐요? 아프긴 한데, 일단 달리세요. 언제 신발을 벗고 양말을 벗겠어요."

각자의 고통이 서로의 시선에 가려지고, 각자의 신음은 군중의 발걸음 소리에 묻힌다. 분명 빼곡한 인파 속에서 살아가지만, 우리는 종종 깊은 외로움에 사무친다. 주변에 사람들이 많은데도, 진정한 이해와 공감은 부재한 채 각자 앞에 이어진 길만을 달려가는 모습이다. 어쩌면 우리는 바쁜 일상에서 서로의 아픔을 애써 외면하며 살아가는 것일지도 모른다. 이런 속도감 있는 삶에서 멈추기 두려운 이유는, 나만 뒤처질 것 같은 불안감 때문일지도 모른다. 그러나 때때로 멈추고 주변을 돌아보는 용기가 필요하다. 자신을 돌보는 시간을 갖고, 다른 이들과의 진정한 관계를 형성하는 것. 그것이 결국 더 나은 삶으로 이어질 수 있음을 잊지 말아야 한다. 삶은 혼자 달려야 하는 마라톤이 아니라, 서로 발걸음을 맞추며 함께 걸어가야 하는 여정일지도 모른다.

27
굳은살

　엄마는 샤워를 마치고 나오면 바닥에 앉아 발바닥을 열심히 다듬었다. 그 모습을 뒤에서 바라보면, 마치 작은 가구를 조립하거나, 어떤 예술 작품을 정성스레 만드는 장인의 뒷모습 같았다. 상체를 깊이 숙이고, 어깨는 위아래로, 팔꿈치는 좌우로 움직였다. 모든 과정을 마치고 자리에서 일어서면, 엄마가 있던 바닥에는 언제나 얇은 살 껍질이 즐비했다. 마치 뱀이 왔다 갔나 하고 의심이 들 정도였는데, TV에서 본 뱀의 허물과 너무나 흡사했다. 사실 처음 그 장면을 보았을 때 나는 소스라치게 놀랐다.

　"악! 엄마 뭐 하는 거야? 발바닥을 왜 잘라?"
　"하하하, 그런 거 아니야. 잘 봐봐."

　엄마는 커터 칼에 끼워 넣는 칼심을 엄지부터 중지까지 세

개의 손가락으로 들고 있었고, 다른 손으로는 발바닥에서 가장 두꺼운 굳은살 부위를 단단히 잡고 있었다. 당시 나는 초등학생이라, 경험이 없고 순진했던 터라 그 장면은 거의 공포 스릴러에 가까웠다. 엄마는 그 칼날로 굳은살을 얇게 포를 뜨듯이 잘라냈다. 나는 속으로 '이러다가 살까지 자르면 어떡하지?' 조마조마하게 지켜볼 뿐이었다. 그러나 끝내 피는 나지 않았다. 별다른 재능이 없던 내가 보기에, 그것은 신기에 가까운 기술로 보였다. 그 후로도 피를 본 적은 한 번도 없었다. 그도 그럴 것이, 엄마의 발바닥에는 엄청 두꺼운 굳은살이 있었다. 얼마나 두꺼웠는지, 굳은살과 굳은살 사이의 경계가 뚜렷했다. 각 굳은살이 서로 영역을 확실히 구분하고 있는 듯했다. 굳은살이 더 두꺼워지거나 무리하게 걸었던 날에는, 경계에서 아직 굳은살로 승격(?)되지 못한 생살이 찢어져 피가 나기도 했다. 두꺼운 굳은살은 정말 돌처럼 단단했다. 엄마는 굳은살을 도려내기 전에 칼날로 긁어 보이며 소리를 들려줬는데, 마치 돌을 긁는 듯 '드르륵, 드르륵' 소리가 났다. '발바닥에 어떻게 이런 게 있을 수 있지? 이게 바로 굳은살이구나!' 초등학생 시절 나는 그 두꺼운 굳은살이 신기해서 손가락으로 꾹꾹 눌러 보곤 했지만, 굳은살을 없애기 위해 무언가 한 적은 없었다.

굳은살을 잘라내는 과정은 삶의 역경과 고통을 다듬는 일과 닮았다. 엄마에게 굳은살은 단순한 피부가 아니라, 삶의 흔적이자 지금껏 고통에 대항하여 꿋꿋이 버텨온 강인함의 상징이었다. 굳은살을 보여주는 것은 자신의 아픔을 숨기지 않는 당당함이고, 더 두꺼워지기 전에 잘라내는 것은, 다시 앞으로 나아가겠다는 의지 같았다. 굳은살도 때론 강력한 보호막이 될 수 있다. 하지만 굳은살을 제대로 살피지 않으면 너무 두꺼워져 피부가 갈라지며 피를 볼 수도 있다. 고통과 시련은 피할 수 없지만, 그것을 어떻게 마주하느냐에 따라 굳은살처럼 삶에 끼치는 영향은 달라진다. 굳은살 같은 삶의 흔적을 남기며, 그 속에서 더욱 단단해지기를.

28

시간은 무서울 정도로 고요하고, 잔인할 정도로 꾸준하다

이건 일종의 습관이다. 어떤 특정한 사건으로 갑자기 생긴 것이 아니다. 서서히 인식이 선명해지고 결심이 굳어지며 생겨난 습관이다. 아마 많은 이들이 공감할 것이다. 20대 후반쯤이 되면, 시간이 지날수록 부모님이 빠르게 늙어간다는 사실을 실감한다. 나는 이 시간의 흐름에 불시에 뒤통수를 맞지 않기 위해, 엄마와 함께할 때마다 의식적으로 하는 행동이 있다. 엄마와 에스컬레이터를 탈 때면 항상 내 시선이 엄마보다 높도록 선다. 내려가는 에스컬레이터에서는 엄마를 앞에, 올라가는 에스컬레이터에서는 내가 엄마 앞에 선다. 그래야 엄마의 머리를 자연스럽게 관찰할 수 있기 때문이다. 그렇게 바라본 엄마의 모습은 조금씩 달라져 있었다. 눈가의 주름, 깊어진 팔자주름, 굵어진 손가락 관절, 늘어나는 흰머리…. 그것들은 꾸준히 늘어왔음이 분명한데, 나는 내 삶을 챙기느라 이만큼 쌓이고 나서야 알아차렸다. 인식하지 못한 채 지나간 시간은 다시 붙잡을 수 없다. 이 글을 읽는 당신도 이번 기회에 부모님의 손가락 관절은 어떠한지, 흰머리는 얼마나 늘었는지 용기를 내어 살펴보면 좋겠다.

요즘 친구들을 만나면 부모님의 노화와 관련된 이야기를 점점 자주 꺼낸다. 나만 그런 줄 알았는데, 다들 부모님의 얼굴에서 늘어가는 주름을 보며 속상해하고 있었다. 대학 졸업 이후 속상한 마음은 더욱 커졌고, 때로는 그 속상함이 너무 커져 말과 행동이 마음과 반대로 나올 때도 있었다. 별것 아닌 일에 괜히 날카롭게 말하거나 화를 내는 것처럼. 예를 들어, 엄마는 굳은살 때문에 뜨겁지 않다며 달궈진 냄비 손잡이를 맨손으로 덥석 잡을 때가 있다. 그럴 때면 걱정과 속상함이 한꺼번에 밀려와 나도 모르게 큰소리를 내게 된다.

"아니, 엄마 이걸 왜 맨손으로 잡아!"
"굳은살 때문에 하나도 안 뜨거워~"

몇 번이나 그러지 말라고 말했지만, 여전히 고치지 않는 엄마의 자랑거리이기도 하다. 내가 뜨겁지 않냐고 소스라치게 놀라면, 엄마는 아무 일도 아니라는 듯 굳은살을 내보이며 자랑한다. 어렸을 때의 나였다면 "우와, 엄마 대단한데!" 하고 감탄했겠지만, 지금은 굳은살이 뭐가 자랑이냐며 잔소리를 늘어놓는다. 사실 이렇게 으쓱하며 자랑할 때는 그냥 "정말 대단하네." 한마디 해주면 될 일인데, 속상한 마음이 앞서서 도구를 좀 쓰라며 화부터 내고 만다. 엄마에게 굳은살은 지난 세월의 노고가 담긴 훈장일지 모르지만, 나에게는 그동안 충분히 도와주지 못했던 나의 부족함을 떠올리게 만든다. 더는 늘어나지 않았으면 좋겠는데, 시간의 흐름이라는 것이 참 무섭다.

세월은 공평하지만, 무서울 정도로 고요하게, 그리고 잔인할 정도로 꾸준히 흐른다. 우리는 그 속에서 부모님의 변화를 보고 불안해하고, 그 불안은 잔소리와 짜증으로 이어지기도 한다. 그러나 그 감정의 밑바닥에는 사랑이 깔려있다는 사실을 잊지 말아야 한다. 그 사랑을 잊지 않고, 서로를 더 아끼며 함께하는 시간을 소중히 여기는 것, 그것이 지금 할 수 있는 최선의 선택일 것이다.

29

셋째의 출산

 부업을 하던 중 엄마는 셋째를 임신하게 되었다. 다행히 이번에는 임신했다는 사실을 제때 알게 되었고, 뱃속에서 무럭무럭 자라던 아이는 첫째보다 태동이 더 강하게 느껴졌다. 엄마는 그 강한 태동에 어떤 아이가 태어날지, 말썽꾸러기일지 이런저런 상상을 하며 불룩 나온 배를 아래에서부터 원을 그리듯 두 손으로 어루만지며, 오감을 통해 태아를 느꼈다. 이때의 아이가 이 글을 쓰고 있는 나다. 다행히 나는 태동이 강했던 것에 비해 말썽꾸러기는 아니었지만, 상상 이상으로 겁이 많아 다른 방면으로 손이 많이 가는 아이로 자랐다.

 엄마 뱃속에 있던 시절의 이야기를 들으니, 기분이 묘했다. 날것, 완전한 생명체인 그 태초의 상태로 내 앞에 있는 엄마의 뱃속에 있었다니. 신비하기도 했지만 부끄럽기도 했다. 부끄러운 이유는 잘 모르겠지만, 마냥 익숙하기만 했던 엄마가 아닌, 나의 모든 것을 품었던 엄마로 바라보니 나의 전부를 알고 있을 것 같은 부끄러움이 느껴졌다. 창조주를 만난다면 이런 기분이지 않을까. 엄마는 임신 경험이 두 번째여서 그런지, 첫째를 임신하고 출산할 때보다 모든 것이 조금 더 수월했다. 태동이 더 심했어도 두려움은 없었고, 입덧도 그리 심하지 않았다. 움직이는 것도 요령이 생겼는지 덜 피곤하게 움직이는 방법을 찾아 좀 더 효율적으로 행동했다.

하지만 엄마는 나를 예정보다 일주일을 앞당겨 낳았다. 당시 외할아버지가 위독한 상태였는데, 외할아버지가 돌아가시기 전에 나를 보여드리겠다는 것이 그 이유였다. 외할아버지는 담관암으로 시한부 판정을 받은 상태였고, 출산 시기가 가까워질수록 건강 상태는 더욱 빠르게 악화되고 있었다. 그래서 엄마는 '유도 분만'을 선택했다. 사실 유도 분만은 산모와 태아 모두에게 그리 좋은 선택은 아니다. 일반적으로는 의학적인 문제가 발생했을 때만 시행되는 절차인데, 출산 신호가 오지 않거나 양막이 파열됐는데 진통이 오지 않는 경우 등 여러 조건이 필요하다. 담당 의사는 당연히 유도 분만을 하겠다는 엄마를 말렸지만, 엄마의 간절한 마음을 막을 수는 없었다.

손주를 외할아버지에게 보여드리고 싶은 마음에 엄마는 강하게 주장했다. 결국, 담당 의사와 긴 대화 끝에 유도 분만을 결정했다. 엄마가 맞은 약은 자궁수축제였다. 이 약물은 자궁을 강제로 수축시키기 때문에 태아에게 좋지 않은 영향을 줄 수 있는 위험한 선택이었다.

엄마는 잔뜩 긴장한 상태로 자궁수축제를 맞았다. 그럴 수밖에 없었던 이유가 있었기에 담당 의사의 만류에도 불구하고 투여했지만, 사실 무서웠다. '그렇게 위험한 것일까?' 긴장한 채 병상에 누워 출산 신호가 오기만을 노심초사 기다렸다. 5분, 10분, 20분. 시간이 계속 흘러가기만 할 뿐 긴박한 신호는 오지 않았다. '왜 신호가 안 오는 거지? 아, 시간이 없는데.' 처음의 담대함과 달리 점점 겁이 나고 마음이 급해지기 시작했다. 엄마는 외할아버지가 돌아가시기 전에 얼른 나를 낳아야 했다. 결국, 첫 번째 자궁수축제가 부족했는지 출산 신호는 끝내 오지 않았고, 두 번째 자궁수축제를 투여한 뒤에야 출산할 수 있었다.

"정현숙 님, 축하합니다! 왕자님이네요!"

나는 결국 엄마가 원했던 대로 출산 예정일보다 일주일을 앞당겨 태어났고, 외할아버지는 돌아가시기 전에 나를 볼 수 있었다. 비록 나는 갓 태어난 아기였기에 외할아버지를 기억하지 못하지만, 사진 속 외할아버지의 모습은 지금도 내 기억 속에 뚜렷이 남아 있다.

30

당연함이라는 포장지를 벗기자

　나를 낳고 시간이 좀 흘렀다. 두 번째 출산이라 회복 기간이 역시 빨랐다. 첫 출산 때보다 회복이 빨랐던 엄마는 다시 돈을 벌기 위해 일을 찾기 시작했다. 그렇게 많은 경력을 가진 엄마가 다음에 어떤 직업을 선택할지 기대가 됐다. 하기야 지금까지 예상하지 못했던 일들이 많았다. 엄마는 학습지 회사에서 학습지 배송을 시작했다. 이 일을 선택한 이유는 딱히 없었다. 깊게 고민하지 않고 잘할 것 같아서 선택했다고 한다. 엄마는 나와 성격이 비슷한지 무엇이든 일단 해보는 편이었다. 엄마로 볼 때는 잘 몰랐는데, 엄마의 지난 삶을 돌아보니 일단 도전하고 경험하는 것이 나와 비슷하다. 하지만 여기서 다른 점이 있다면, 나는 도전할 때 발생할 만한 어려움이나 문제를 예상하고 대비하는 반면, 엄마는 도전하고 난 뒤 발생한 문제를 해결하는 스타일이라는 것이다.

정해진 양의 학습지를 배송하려면 빠른 이동이 필수였다. 하지만 문제는 엄마가 운전을 하지 못한다는 것이었다. 면접을 보기 전에도 이 사실을 알고 있었지만, 일단 합격부터 하자고 생각했다. 자동차는 너무 비싸고 부담스러웠다며 고민 끝에 오토바이를 선택했다. 내가 의정부에서 학창 시절을 보낼 때, 엄마는 매일 오토바이를 타고 다녔다. 정말 잘 탔다. 물론 여러 번 넘어져 살이 움푹 파인 적도 있고, 무릎에 큰 피멍이 들고 뼈에 금이 간 게 아닌지 걱정했던 적도 있고, 약수터에 갔다가 내려오는 길에 넘어져 다리에 매달린 적도 있었다. 지금도 몸 여기저기에 여러 상처의 흔적이 남아 있다. 하지만 20년 넘게 오토바이를 탄 세월에 비해 크게 다친 적은 없었다.

처음부터 오토바이를 잘 탔던 것은 아니었다. 무엇이든지 시행착오는 있는 법이었고 엄마에게 오토바이는 더욱 그러했다. 크고 작은 추돌사고가 있었지만, 지금도 생생하게 기억하는 사고 세 가지가 있다. 그중 하나는 학습지를 배송할 목적으로 처음 오토바이를 배웠던 시절에 일어났던 첫 사고다. 그때를 생각하면 아직도 아찔하다며 손사래를 치셨다. 학습지를 한 집의 우편함에 두고 다음 목적지로 출발할 때였다. 오토바이의 시동은 이미 걸려 있었고, 엄마는 올라타면서 손잡이를 잡다가, 그만 액셀 손잡이를 당겨 버렸다. 오토바이는 그대로 앞으로 튀어 나갔다. 너무 놀란 나머지 브레이크를 잡지 못했고, 아무도 타지 않은 오토바이는 몇 미터를 혼자 질주했다. 결국, 주차되어 있던 차 문을 받고서야 질주는 끝이 났다.

 엄마가 다치지 않은 것은 다행이었지만, 벌어진 상황은 참담했다. 오토바이는 바닥에 넘어져 있고, 실려 있던 학습지는 바닥에 널브러졌다. 차의 운전석 문에는 아주 긴 흠집이 생겼다. 게다가 그 차는 당시 동네에서 흔히 볼 수 없는 비싼 차였다. 차 주인이 그냥 넘어가 주었을까? 흩날렸던 학습지는 어떻게 되었을까? 나는 다음 이야기를 상상하며 드라마 같은 결말을 기대했지만, 현실은 달랐다.
 "그래서 어떻게 됐어? 차 주인이 용서해 줬어?"
 "아니, 그냥 오토바이 타고 도망갔어…."
 "도망…? 도망갔다고?"
 "맞아 도망갔다고! 하하하." 엄마는 크게 웃었다. 당황스러움이 가득한 나의 얼굴 때문인지, 아니면 말하고 무안한 감정을 숨기려는 웃음인지 알 수 없었다. 엄마가 도망갔다는 전개는 내 예상을 한참 벗어났다. 엄마를 위해 내 얼굴에서 당혹스러움을 지워야 했지만, 그게 쉽지 않았다. 해맑게 웃는 엄마를 따라 나도 겨우 웃으며 이야기를 이어갔다.

"아니, 엄마! 그거 뺑소니잖아! 학습지는?"
"나도 몰라. 그때 너무 당황해서 그냥 오토바이 타고 도망을 온 거야."
"그래도…"
"걱정하지 마. 그날 밤에 다시 거기로 가서 주인한테 전화하고 사과했어."

접촉 사고가 처음이었던 엄마가 당황하고 두려워할 때 주변에 있던 시민들이 주워준 학습지를 허겁지겁 회수하고는 도망쳤다. 너무 겁이 나서 집으로 도망갔지만, 엄마는 그날 저녁 다시 사고 현장으로 돌아가 차 주인에게 이실직고했다. 차주는 다행히도 그럴 수 있다며 너그럽게 용서했다. 엄마는 차 주인의 태도에 내심 작은 기대를 했지만, 결국 월급 석 달 치에 달하는 수리비를 청구받았다. 헛된 기대를 한 자신을 탓하며 낙심한 엄마는 석 달 동안 열심히 일만 했다.

엄마는 배송에서 영업으로 직무를 바꾸었다. 엄마가 살던 동네에서 학습지를 판매하고, 학습지 내용을 아이들에게 가르치는 일이었다. 학창 시절에 공부를 열심히 하지는 않았지만, 기껏해야 유치원 수준의 학습지였기에 엄마도 문제없이 쉽게 가르칠 수 있었다. 월급은 올랐지만, 업무가 더 힘들어져 그만두었다고 한다. 이때부터 타기 시작했던 오토바이는 계속 이어졌다. 폐암을 진단받고 지금 사는 곳으로 이사 오기 전까지도 엄마는 꾸준히 오토바이를 탔다. 의정부에 살 때는 오토바이가 없으면 돌아다니지 않는 건가 싶을 정도로 매일 오토바이를 타고 다녔다. 그래서인지 엄마에게는 오토바이와 관련된 추억이 많았다. 한 번은 내 생일에 나를 태우고 가던 중 역주행하던 자전거와 사고가 난 적이 있었다. 자전거 운전자는 술에 취해 비틀거리며 우리를 향해 돌진했다. 엄마와 나는 자전거를 피하려다 넘어졌고, 자전거 운전자는 그대로 도망가려고 했다. 야심한 밤이었고, 넘어진 엄마를 일으키느라 도망가는 것을 그대로 보고 있을 수밖에 없었다.

"아줌마!!"

많은 생각이 스쳐 지나가던 찰나, 옆 인도에서 건장한 청년 네 명이 나타났다. 인도와 도로의 경계를 나누는 안전대를 멋지게 넘어, 휘청거리며 달아나던 자전거를 향해 달려갔다. 내가 넘어진 엄마를 일으키고, 오토바이를 세우는 동안, 그 네

명의 청년은 자전거 뺑소니범을 붙잡고 대신 경찰에 신고까지 완벽하게 해주었다. 그야말로 야심한 밤거리를 지키는 영웅이었다. 알고 보니 그 청년 네 명은 엄마 가게의 단골들이었다. 더 재미있었던 것은 사건을 접수하러 간 경찰서에서도 단골인 경찰이 있어 생각보다 수월하게 사건을 마무리할 수 있었다는 점이다. 비록 자정이 넘어 경찰서에서 내 생일 케이크의 촛불을 불었지만, 그래도 행복했다. 화려하진 않지만 성실하게 살아온 엄마와 생일을 맞은 나에게 주어진 선물처럼 느껴졌다. 그때의 오토바이와 관련된 추억은 지금도 생생하고 소중한 기억으로 남아 있다.

지금은 엄마의 어린 시절 옛집으로 이사 오면서 타고 다니던 오토바이는 처분했다. 나이도 들었고, 그때와 달리 지금은 넘어지면 크게 다칠까 봐 걱정되는 마음에 오랜 시간 설득한 끝에 결정한 일이었다. 엄마와 오토바이의 인연은 이렇게 막을 내렸다. 오토바이를 타는 엄마의 모습은 어릴 때부터 늘 봐왔던 모습이었기에 너무나 자연스러웠다. 마치 아침에 해가 뜨는 것처럼, 엄마가 오토바이를 타는 일은 나에게 세상의 이치와도 같았다. 돌이켜보면, 어릴 때부터 봐왔던 부모님의 모습은 대개 이러한 '당연함'으로 포장되어 있었다. 엄마가 오토바이를 타는 것도, 밤 열한 시가 넘어서 집에 돌아오는 것도, 밥을 해주는 것도, 화장실을 청소하는 것도, 빨래하는 것도 모두 당연했던 것 같다.

하지만 이제는 안다. 너무 늦은 감이 있지만, 세상에 당연한 것은 없다는 사실을 분명히 깨달았다. 모든 일에는 이유와 명분이 있다. 내가 엄마를 보며 느꼈던 '당연함'을 하나씩 벗겨내면, 그 밑에는 전부 '자식을 위해'라는 이유와 명분이 있었다. 자식의 시선에서 부모에게 받는 모든 것에서 '당연함'을 지우고, 진심으로 감사할 줄 아는 지혜가 있다면, 더욱 깊은 사랑을 나눌 수 있지 않을까. 결국, 사랑은 서로를 이해하고 존중하는 과정에서 더 깊어지며, 그 속에서 진정한 의미를 찾을 수 있음을 깨닫는다.

31

무엇을 좇고 있고,
동시에 무엇을 놓치고 있는가?

 저 멀리서 요즘 버스로 보이지 않는, 누가 봐도 한옥마을로 향할 것만 같은 독특한 외관의 버스가 다가왔다.
 "엄마, 이거 타면 돼."
 "이게 버스야? 완전, 신기하네!"
 "딕-승차입니다."
 버스 외관은 정말 특이했다. 마치 이 버스를 타면 과거로 돌아갈 것만 같은 기분이 들었다. 인터넷으로 검색해 보니, 시에서 관광객을 유치하려고 선보인 사업의 일환이었고, 이름은 '트롤리버스'였다. 번호판에는 낯선 숫자 "999"가 적혀 있었는데, 마치 '은하철도 999'를 떠올리게 해 우리의 상상을 자극했다. 특별해 보이는 버스에 잔뜩 신이 난 엄마는 목소리까지 한껏 커졌다. 내부는 그리 특별하진 않았지만, 새로운 지역에 왔다는 설렘을 느끼기에는 충분했다.

  이번 원고를 위한 마지막 목적지는 전주였다. 특이한 버스를 타고 전주한옥마을에 내리니 서울에서는 보기 힘든 수많은 기와집이 엄마와 나를 맞이했다. 기와집 지붕 사이로 스며드는 따뜻한 노을빛과 오랜 세월의 흔적이 깃든 유적지들의 조화는 그야말로 장관이었다. 감동을 넘어 숭고함마저 느껴지는 그 공간들은 지난날을 회고하는 이번 여정에 꼭 맞았다. 마지막 여행지로 전주로 선택하길 잘했다는 생각이 들었다. 우리는 한옥 마을의 분위기에 더 깊이 취하고 싶어 전통 한복을 입고 거리를 걷기로 했다. 한복 대여점에서 북적이는 인파 속에서도 서로에게 가장 잘 어울리는 한복을 고르느라 한참을 고민했다. 어떤 색이 잘 어울릴지 여러 옷을 엄마에게 대어 보기도 하고, 마음에 드는 한복을 앞에 걸어두고 열띤 토론도 벌였다.

  "엄마, 나는 이 빨간색과 검은색 조합이 너무 고급스러운 것 같아. 특히, 이 황금색 무늬까지!"

  "그렇네? 그럼, 이 남색은 어때? 빨간색은 조금 강하지 않아?"

그렇지 않아도 사람이 많은데, 우리가 도무지 선택할 기미를 보이지 않자 직원이 슬슬 다가와 재촉하기 시작했다. 우리는 이때다 싶어 조언을 구했고, 엄마의 눈웃음을 가장 잘 살려주는 하얀색과 남색 조합의 한복을 골랐다. 기품 있는 한복이었다.
 "와! 우리 엄마 정말 예쁘다…."
 고급스러운 한복을 입고 머리에 예쁜 장식물을 꽂은 엄마를 보며 나도 모르게 중얼거렸다. 그 매장에서 엄마보다 더 아름다운 사람은 없었다. 평소 외출할 때나 이렇게 한껏 꾸민 엄마의 모습을 볼 때면, 늘 앞치마를 두르고 분식집에서 분주히 일하던 시간이 아쉽게만 느껴졌다.

 여행하다 보면 가끔 내가 몰랐던 엄마의 모습을 발견할 때가 있다. 그렇게 쌓인 순간들이 하나둘 늘어나면서 내가 기억하는 엄마의 모습은 점점 다양해졌다. 분식집에서 떡볶이를 만들던 모습, 부엌에서 음식을 준비하던 모습. 어린 시절 나에게 엄마는 대개 그런 모습이었다. 엄마를 떠올리면, 자연스럽게 분식집 이름과 인기 메뉴가 함께 생각난다. 하지만 그것이 엄마의 전부는 아니었다. '정현숙'이라는 한 사람으로 엄마를 보려는 노력이 시작된 후부터, 나는 이전보다 훨씬 더 많은 엄마의 모습을 알게 되었다. 시장에서 신나게 채소를 사고 오토바이를 타고 오는 모습, 전주에서 예쁜 한복을 차려입은 모습, 슬픈 영화를 보고 눈물을 흘리는 모습, 예능 프로그램을 보며 크게 웃는 모습, 심지어 흔들다리에서 흥을 감추지 못하고 다리를 흔드는 모습까지. '정현숙'이라는 사람의 모습은 생각보다 많았다.

다만, 그 모습들을 보여줄 경제적·시간적·체력적·심리적 여유가 '정현숙'에게는 충분하지 않았을 뿐이다. 우리는 종종 타인의 모습을 통해 자신을 돌아보고, 깨달음을 얻으며, 때로는 반성한다. 엄마의 다양한 모습을 발견할수록 지난 시간 동안 엄마에게 나는 어떠했는지 생각하게 된다. 나 역시 엄마에게 충분한 시간을 주지 않았다는 사실을 깨달았다. 내가 살던 집은 '여유'라는 단어와 거리가 멀었고, 나 또한 '여유'가 없는 삶을 당연시하며 살아왔다. 훗날의 여유를 만들겠다는 명목으로, 지금 내가 서 있는 자리에서 본분에 충실하기 위해 필사적이었다. 그렇게 엄마와 함께하는 시간이 부족했다는 죄책감이 들 때마다, 그것이 미래의 나를 위한 '최선'이라며 스스로 위로했다.

하지만 살다 보면 알게 된다. '여유가 없다'라는 말은 결국 누군가에겐 변명에 불과하다. 그저 우선순위에 따른 노력과 투자 방식의 차이일 뿐이다. 지금 상황만 봐도 그렇다. 직장인이고, 동시에 여러 대외 활동을 소화하고 있는 지금이 오히려 학생 때보다 엄마와 함께하는 시간이 더 많다. 학창 시절의 나와 지금의 내가 추구하는 것들의 우선순위가 달라졌기 때문이다. 그 변화 덕분에, 미래의 나에게 주었던 시간을 조금 덜어 현재 내 곁에 있는 엄마에게 더 나눠주고 있다. 그 계기가 엄마의 폐암 진단인 것은 어리석고 부끄러운 일이지만, 지금이라도 우선순위를 바꿀 수 있었으니 다행이다. 사람은 앞을 보며 치열하게 달려간다. 나는 늘 궁금했다. 저들은 무엇을 위해 달려가는가? 불확실한 미래로부터 오는 불안을 안정감으로 바꾸기 위해서일까? 비록 또렷하지 않지만, 자신만의 이상을 좇기 위해서일까? 아니면 그저 남들보다 뒤처지지 않기 위해서일까? 혹은, 아직 가지지 못한 것을 갖고 싶은 욕심 때문일까?

사람은 각자 자신만의 이유로 달린다. 목표를 이루기 위해, 돈을 더 벌기 위해, 가족에게 맛있는 치킨을 사주기 위해서라도 움직인다. 지금 당장 왼발을 떼어 오른발보다 한 걸음 더

내딛는 이유가 모두에게 있다. 그 이유에는 크고 작음, 귀하고 천함의 구분이 없다. 각자의 이유는 그 자체로 동등한 가치를 가진다. 그리고 그 이유는 삶의 상황에 따라 바뀌기도 하고, 어떤 충격적인 사건이나 경험으로 송두리째 사라지기도 한다. 결국 중요한 것은 '자신이 납득할 수 있는' 이유로 움직이는 것이다. 그 이유가 있어야 앞으로 나아갈 힘도 생긴다. 지나온 삶을 돌아보며 나름의 의미를 부여하기보다는, 앞으로의 삶에서 그 의미를 달성해 나가기 위해 노력해야 한다. 행동의 이유가 없다면 삶은 불행해지거나, 더 큰 불안에 휩싸일 가능성이 크다. 나는 행동의 이유를 찾고, 그것을 삶의 중심에 두고자 애써왔다. 하지만 가끔 앞만 보고 달리다 보면 잊어버릴 때가 있다. 지금 나는 무엇 때문에 달려가고 있는지, 무엇을 좇고 있는지. 그럴 때마다 나는 스스로에게 질문을 던진다.

'지금 나는 무엇을 좇고 있는가?'

이번 여정을 지나오며 여기에 질문 하나를 더 추가하기로 했다.

'그와 동시에 내가 놓치고 있는 것은 무엇인가?'

세상은 무한하지만 우리는 유한한 존재다. 오늘과 내일은 끝없이 이어지지만, 나에게 주어지는 오늘과 내일은 한정되어 있다. 그 유한함은 내가 추구하는 것들로 채워진다. 내가 무엇을 좇느냐에 따라 어떤 것들은 내 안으로 들어오고, 어떤 것들은 우선순위에서 밀려나 내 바깥으로 벗어난다. 돌이켜보면, 나는 내 유한함을 채울 때, 대부분 '가지지 못한 것'이나 '이상을 달성하기 위한 것'으로 채웠다. 더 건강해지고 싶어 운동했고, 새로운 것을 배우고 싶어 책을 읽고 글을 썼다. 새로운 통찰을 얻기 위해 모임에 나갔고, 돈을 벌기 위해 경제를 공부했다. 하지만, 이미 가진 것들을 위해 내 유한함을 기꺼이 내어준 적은 없었다. 그것들은 언제나 내 안에 머물 거라 착각했고, 어리석은 판단을 이어왔다. 감사함보다는 욕심에 먼저 눈길을 돌렸다. 이것이 잘못되었다는 것은 아니다. 다만 깨달은 것은, 한 번쯤은 내가 무엇을 놓치고 있는지 돌아볼 필요가 있다는 점이다. 지나친 자기 검열은 자존감을 깎아내리지만, 적당한 성찰과 반성은 더 현명한 삶으로 나아가기 위한 힘이 된다. 내가 사랑하는 사람, 나를 사랑해 주는 사람이 없다면, 그 어떤 성공도 진정한 행복으로 이어지지 않을 것이다. 이번에는 당신에게 이 질문을 던지고 싶다.

"당신이 지금 좇고 있는 것은 무엇이며, 그와 동시에 놓치고 있는 것이 무엇인가?"

32

행복과 외로움 사이 그 어딘가

 평소 같았으면 눈길조차 주지 않았을 길거리 음식점 앞에서 우리는 한참을 서성거렸다.
 "흐엑, 저게 5천 원이야? 사람은 왜 이렇게 많아?"
 엄마의 놀란 목소리가 들렸다. '십원빵'이라고 불리는 그 빵은 손바닥만 한 크기의 동전 모양 안에 치즈가 들어 있었다. 평소 돈을 잘 쓰지 않는 엄마는 가격에 한 번, 북적이는 인파에 또 한 번 놀랐다. 우리는 잠시 고민하다가, 줄이 더 길어질까 봐 서둘러 늘어선 줄에 합류했다. 평소 군것질을 거의 하지 않는 터라, 빵 하나 먹자고 이 정도 길이의 줄을 서는 게 과연 합리적인가 하는 생각이 계속 맴돌았다. 하지만 가격에 놀란 눈동자와는 달리, 군침이 도는 듯한 엄마의 입은 당장이라도 십원빵을 한입에 먹어버릴 기세였다. 줄은 빠르게 줄어들었고, 어느새 우리는 빵을 한입 베어 물고 늘어나는 치즈를 보며 까르륵 웃고 있었다. 여행객에게 길거리 음식은 어쩔 수 없는 유혹 같다. 그건 비단 우리만의 이야기가 아니었다. 우리가 줄을 섰던 가게뿐만 아니라 다른 길거리 음식점들 앞에도 긴 줄이 늘어서 있었고, 여기저기서 우리처럼 '합리적인 판단'과 '여행의 즐거움' 사이에서 갈등하는 소리가 들려왔다.

 여행할 때마다 느끼지만, 여행객의 심리는 묘하게 재미있다. 평소라면 하지 않을 선택, 구매, 행동, 심지어는 작은 용기까지 여행지에서는 쉽게 발휘한다. 어쩌면 그런 것들은 일상에서 꾹 눌러 참아온 욕구였을지도 모른다. 여행은 그렇게 잠자고 있던 나를 깨우고, 새로운 나를 발견하게 만든다. 여행은 자유로움의 상징이다. 하지만 역설적으로, 자유롭지 않은 사회일수록 여행의 가치가 더욱 빛난다. 사람마다 여행에서 얻고자 하는 건 다르겠지만, 결국 비슷한 것들을 좇는다. 여유로운 시간, 맛있는 음식, 즐거운 추억, 걱정 없는 하루. 그 생각만으로도 행복이 저절로 따라오는 듯하다. 엄마와 나도 마찬가지였다. 평소라면 사 먹지 않았을 길거리 음식도 먹고, 잘 하지 않던 외식을 하며, 밥 한 끼 값의 디저트를 사 먹고, 아름다운 경치를 감상했다. 나는 그 충만한 순간들을 담아내기 위해 사진과 영상을 부지런히 찍었다. 그렇게 쌓인 사진 속에는 아름다운 풍경과 하나가 된 우리가 있었다. 이 모든 순간이 우리에게 가르쳐준 것은, 일상에서 소소한 행복을 느끼는 방법이었다. 우리가 놓치고 있던 것들, 잊고 지냈던 기쁨이 여행에서 다시 피어났다. 그 경험들이야말로 삶을 풍요롭게 만드는 중요한 요소임을 새삼 깨닫게 되었다.

하지만 모든 시간이 늘 행복해 보이지만은 않았다. 밝고 신나는 순간이 이어지다가도, 이따금 그 다채로웠던 색들이 순식간에 흑백으로 바뀌는 순간들이 있었다. 두꺼운 구름이 태양을 가려 그림자가 드리울 때처럼, 엄마는 고독 혹은 알 수 없는 무언가로 순식간에 덮일 때가 있었다. 그럴 때면 무엇을 생각하는지, 눈의 초점은 어디를 향하고 있는지 알 수 없었다. 이번 여정에서 내가 새롭게 마주한 엄마의 모습은 바로 그 '외로움' 혹은 그 무언가였다.

엄마는 거리를 거닐 때 항상 주위를 살폈다. 지나가는 사람들의 얼굴을 하나하나 바라보고, 특이한 옷차림을 한 사람을 발견하면 나에게 꼭 말해주었다. 줄을 서거나 엘리베이터를 기다리는 순간, 누군가와 눈이 마주치기라도 하면 곧바로 말을 걸었다. 마치 말을 걸기 위해 그 순간을 기다린 사람처럼.

이런 행동은 종종 재미있는 대화로 이어졌지만, 상대가 낯을 가리는 사람이면 가끔 곤란해하는 기색을 보이며 엄마를 피해 슬금슬금 도망갔다. 이번 여행에서 보인 엄마의 이런 모습은 나에게 사람을 기다리는 듯한 '외로움'으로 비쳤다. 늘 그런 건 아니었지만, 그 찰나의 외로움은 내 안에서 작은 궁금증을 키웠다. '엄마에게서 느껴지는 외로움의 시작은 어디일까? 내가 괜히 예민한 것일까? 실제로 외로운 것일까? 아니면 그저 사람을 너무 좋아해서 그렇게 보이는 것일까?' 쓸데없는 생각일지도 모르지만, 나는 이 질문들이 분명 엄마에 대한 이해를 더 깊게 만들어줄 거라고 믿었다.

사실, 엄마는 예전에도 비슷했다. 다만, 그때는 내가 깊이 생각하지 않았을 뿐이었다. 오히려 그런 행동이 누군가에게 불편할까 봐 걱정하며 지적하곤 했다.

"엄마! 왜 그렇게 사람 얼굴을 뚫어지게 쳐다봐? 실례야!"

"엄마! 목소리 좀 낮춰. 다 들린다니까!"

그럴 때마다 엄마의 얼굴에서 금세 웃음기가 사라졌다. 신나고 싱그러운 기운이 순식간에 시들어버렸다. 하지만 이번 회고의 여정에서는 그런 엄마를 그저 지켜보기만 했다. 엄마의 모습을 더 보고 싶었고, 이해하고 싶었다. 그리고 그간의 지적은 엄마를 위해서라기보다는 내 불편감을 없애고 싶어서였을지도 모른다는 생각이 들었다. 그 덕분에 엄마의 새로운 모습을 볼 수 있었다. 실제로 외로움을 느끼는지 아닌지와는 관계없이, 엄마이기에 애써 감춰왔을지도 모를 외로움에 대해 자식으로서 한층 깊이 고민하게 된 것은 분명 의미 있는 일이다. 함부로 단정 짓는 것은 좋지 않겠지만, 엄마는 지금 외로움을 느끼고 있을지도 모른다. 사람들의 관심을 좋아하는 것도, 기회가 되면 처음 만난 사람일지라도 대화를 나누려 하는 것도, 일 마치고 집에 돌아온 내가 조금이라도 시간이 있어 보이면 이때다 싶어 폭풍 같은 수다를 쏟아내는 모습까지도 그렇다.

가끔 말을 너무 많이 했는지, 말하는 도중에 숨을 고르는 듯한 모습을 보일 때가 있다. 그 모습을 보면 속상함과 죄송함이 동시에 밀려오며 이렇게 자문하게 된다. '지금 하는 일이, 엄마와 충분히 대화할 시간을 마다할 만큼 정말 중요한 일일까?' 하고 생각해 보면 대답하기 어렵다. 언제까지나 엄마가 이렇게 건강하게 이야기할 수 있는 것도 아니니 말이다. 가족과의 시간이 결코 당연하거나 영원한 것이 아님을 현실적으로 깨닫는 지혜, 그리고 그것을 늘 인지하려는 노력이 분명히 필요하다.

  내가 정말 인상 깊게 들었던 말이 있다. "나이가 든 부모들은 자식과의 추억으로 살아간다."라는 말이다. 짙은 부모의 사랑과 씁쓸한 현실을 동시에 느꼈던 문장이어서 오래 기억에 남는다. 이 말을 곰곰이 되새기게 된다. 사람이 살다 보면 할 수 있는 경험에도, 이야기에도 한계가 온다. 그러니 할 수 있을 때 충분히 해야 한다는 것이다. 함께 가는 여행도, 함께 나누는 대화도, 함께 먹는 저녁도, 함께 할 수 있을 때 충분히 해야 한다는 것이다. 엄마는 사람을 무척 좋아하는 사람이지만, 그것과 별개로 '외로움'은 분명 느껴졌다. 그렇다면 자식인 내가 할 수 있는 일도 명확하다. 앞서 말했듯, 할 수 있을 때 부모와 많은 시간을 함께하는 것이다. 훗날 추억할 수 있는 일들을 많이 만들어 드리는 것이다. 한편, 엄마의 외로움을 보며 속상하고, 어쩌면 불안해하는 나 자신도 생각을 바로잡을 필요가 있다. 사람은 본디 외로운 존재이고, 언제나 행복하고 즐거울 수는 없다. 아마도 엄마의 건강 상태 때문인지 모든 시간이 행복해야 한다는 집착이 있었던 것 같다. 어쩌면 다 내 욕심일지도 모른다. 자식으로서 그 욕심을 조금 내려놓고, 부모님의 모습을 있는 그대로 받아들이며, 내가 할 수 있는 일에 집중하는 것이 필요하다.

 이 글을 읽고 있는 당신의 부모님은 외로워 보이지 않는가? 가끔은 그들의 마음을 살피고, 소중한 시간을 함께 나누어 보는 것이 어떨까.

33

보험왕

 직장을 한 번이라도 다녀본 사람이라면 실적이나 성과를 만들기가 결코, 쉽지 않다는 것을 잘 알 것이다. 경쟁, 압박, 부담 같은 요소를 이겨내며 조직이 기대하고 요구하는 성과 수준에 도달하는 것은 간단한 일이 아니다. 그 과정에서 성과를 낸다는 것은 조직 구성원으로서 충분히 박수받을 만한 훌륭한 일이다. 엄마는 그 훌륭한 일을 다음 직장에서 해냈다. 그 직장은 바로 보험 회사였다. 담당 업무는 보험 영업으로, 현재 보험 회사 영업 담당자들이 하는 일과 크게 다르지 않았다. 보험 상품을 소개하고, 가입한 고객들을 관리하는 일이었다.

 엄마가 다녔던 회사에서는 사무실 한쪽 벽면에 경쟁심을 자극하고 동기를 부여하기 위해 얼굴 스티커를 붙이는 전략으로 운영했다. 성과 보드에는 하위권부터 최상위권까지 등급이 나뉘어 있었고, 각 담당자의 얼굴 스티커는 월간 실적에 따라 위치가 바뀌었다. 입사한 지 얼마 지나지 않았을 때, 엄마는 매일 출근할 때마다 경쟁 보드의 맨 아래에 붙은 자신의 얼굴 스티커를 보며 하루를 시작해야 했다. 그 실적 보드는 바닥에 있는 자신의 위치를 잊지 않게 상기시키는, 잔인하지만 당연한 경쟁 사회의 축소판이었다. 그 판을 볼 때마다 자신감이 줄어들고 불안한 마음이 커졌다. 하지만 그 불안이 오히려 좋은 동기가 되었는지, 엄마의 웃는 얼굴이 담긴 스티커는 조금씩 위로 올라가기 시작했다. 성과가 꽤 괜찮았던 덕분에 경력에 비해 올라가는 속도 또한 빨랐다. 어느새 엄마는 바닥에서 상위권을 향해 떠오르는 신인이 되었다.

"엄마는 보험도 잘했네? 이번에도 인사를 잘해서 그랬나? 푸하하!"

나는 이번에도 성과가 좋다는 엄마의 이야기를 반신반의하며, 아웃렛 마트에서 어묵을 잘 팔았던 비결을 꺼내 보았다. 하지만 빠르게 성과를 올릴 수 있었던 데에는 다른 이유가 있었다. 예전에 학습지를 영업하며 넓혀 온 인맥이 큰 힘이 되었다. 이미 아주 가까웠던 영업 대상이 있었던 엄마는, 처음이었지만 빠르게 실적을 올릴 수 있었다. 그러나 그것과는 별개로 정말 부지런히 뛰어다녔다며, 자신의 노력을 아주 강하게 강조했다. 높은 성과를 달성했던 동료들은 대개 회사나 큰 단체와 인연이 있어 한 번에 계약하는 단위 수가 많았지만, 엄마는 그런 기회가 없었으니, 그들보다 몇 배는 더 열심히 발로 뛰어야 했다.

"엄마, 보험왕도 했었어! 하하하!"

"뭐? 보험왕까지? 근데 그게 뭔데?"

엄마는 그 열정과 부지런함 덕분에 결국 '보험왕'이라는 타이틀까지 거머쥐었다. 월별이었는지 분기별이었는지, 아니면 반기별이었는지 정확하지 않지만, 회사에서는 성과가 가장 좋은 단 한 명에게 보험왕이라는 상징적인 왕관을 씌워 주었다. 그리고 그 왕관을 받은 사람이 바로 엄마였다. 성취감이 정말 짜릿했다며, 엄마는 과거의 영광을 회상하는 표정으로 그때의 상황을 그려 보였다.

그 왕관을 받은 직원에게는 추가 성과급과 함께 회식 메뉴를 고를 권한이 주어졌다. 한식을 좋아했던 엄마는 부장에게 한식을 먹고 싶다고 했고, 일을 마치고 회식 장소에 도착한 순간 깜짝 놀랐다. 고급스러운 외관과 비싼 코스 요리 메뉴가

기다리고 있었기 때문이다. 전복과 한우, 평소 접하기 어려웠던 고급 음식이 연이어 나온 그날 저녁은 아직도 엄마의 기억 속에서 특별한 자리로 남아 있다.

"아! 한식당? 엄마가 계속 얘기했던 그 식당 맞지?"

엄마는 반찬이 많이 나오는 식당을 지나거나 TV에서 그런 식당 광고가 나올 때면 어김없이 그날의 회식 이야기를 꺼냈다. 어떤 회사였는지 오래도록 알지 못했는데, 그것이 보험회사였을 줄은 미처 몰랐다. 비록 '보험왕'이라는 타이틀은 단한 번뿐이었지만, 그 순간은 지금도 엄마가 즐겁게 떠올릴 수 있는 소중한 영광으로 남아 있다. 그 영광을 누리고 잠시 더 다닌 뒤, 엄마는 결국 보험회사마저 그만두었다. 가만히 생각해 보니, 엄마는 이직의 달인 같기도 했다. 도대체 몇 번째인지…. 평생 직장의 개념이 사라진 오늘날의 트렌드를 30년은 일찍 몸소 보여주고 있었던 셈이었다.

이번에는 어떤 이유로 그만두었는지 살펴보니, 새로운 보험 상품이 출시되면서 회사는 기존 보험을 모두 해약하고 새 상품으로 갈아타도록 직원들을 압박했다. 엄마는 사람을 좋아해 가입자들과 나름 친분을 유지하며 관리했다. 하지만 새로 나온 보험 상품이 오히려 더 좋지 않다고 느꼈고, 가입자들에게 이를 권유하는 것은 자신의 윤리 의식에 맞지 않았다. 그래서 뭐, 보험업과도 작별이었다. 이러한 엄마의 윤리 의식은 고스란히 나에게 전해졌다. 법이나 제도 차원까지는 아니지만, 사람을 대하는 윤리 의식만큼은 정말 닮았다. 관계를 중요하게 여기고, 가치의 중심에는 언제나 사람과 사랑이 있었다. 엄마가 그랬던 것처럼, 나도 그 윤리 의식에 맞지 않는 일들은 하지 않았다. 반대로, 그 가치관에 부합하는 일들에는 누구보다 열정적으로 몰두했다. 엄마의 삶은 지금 내가 추구하고자 노력하는 삶과 많이 닮았다. 성공한 삶이 무엇인지 명확하게 정의할 수는 없지만, 정현숙과 그녀의 아들인 나에게, 성공의 기준은 단순히 성과나 직급이 아니라 사람과의 관계, 그리고 윤리적 가치에 있었다.

34
베짱이가 되지 못한 개미

"나는 가만 보면 개미 같아." 이야기하다 말고 엄마가 말했다.

"개미? 엄마가 왜 개미야?" 내가 되물었다.

"저축 보험 같은 거 했으면 돈 더 많이 벌었을 텐데…. 겁나기도 하고 양심에 찔려서 하지도 못하고 말이야. 회사 같은 곳에서 보험 영업 하나만 성공해도 보험왕인데 나는 한 명, 한 명 뛰어다니면서 겨우 달성했어."

엄마는 지난날에 대해 아쉬움을 토로했다.

"전세 들어갈 때 대출받아서 집도 샀으면, 지금쯤이면 돈도 어느 정도 있었을 텐데. 한평생 개미처럼 조금씩 돈을 모으기만 했네! 하하."

엄마가 보여준 성실함과 꾸준함은 정말 존경받아 마땅할 일이지만, 정작 본인은 그 세월에 허망함을 느끼는 듯했다. 흠, 개미라…. 맞다. 내가 그간 봐 왔던 엄마는 확실히 개미에 가깝다. 모든 개미가 그렇듯이, 엄마는 정말 성실하고 착실한 개미였다.

"엄마, 개미굴 실제로 본 적 있어? 내가 예전에 거대한 개미굴을 발견했다는 기사를 봤는데, 그 개미집의 크기가 사람 크기의 몇십 배라고 하더라고."

나는 무슨 말이라도 해주고 싶어 개미굴에 관한 이야기를 꺼냈다. 사실, 나는 개미집에 대해 정말 흥미롭게 생각했다. 겉보기에는 개미 한 마리 지나다니는 작은 구멍이지만, 그 구멍 아래엔 상상조차 할 수 없을 만큼 거대하고 복잡한 굴이 만들어져 있다니 재미있었다. 루이스 포지 교수팀이 이끌던 연구팀이 브라질에서 발견한 개미굴에 대한 소식이었다. 그때 개미굴의 넓이가 $46m^2$에, 높이는 약 $7.9m$였는데, 이는 자그마치 사람 크기의 몇십 배에 달하는 크기이다. 3mm 정도인 일개미가 그 정도의 개미굴을 만든다는 것을 과연 상상이나 할 수 있을까.

개미는 아마도 자신들이 만든 굴이 얼마나 거대하고 복잡한지 모를 것이다. 그것은 엄마도 마찬가지였다. 그녀의 삶을 한 발짝 떨어져 살펴보니, 크고 작은 삶의 이야기들이 긴밀하게 이어져 있었다. 그 복잡하고 촘촘한 이야기를 따라 지금에 이르렀다. 그녀의 삶은 내가 거대한 개미굴의 기사를 보며 느꼈던 웅장함, 흥미로움, 신비함을 훌쩍 뛰어넘었다. 하지만 그녀는 자신이 얼마나 복잡하고 거대한 삶을 성실하게 만들어 왔는지, 그 가치가 얼마나 대단한 것인지 확실히 인지하지 못하는 듯했다.

내가 어렸을 때, 그녀의 일상은 매일 아침에 일어나 나를 깨우고, 오전 7시에 간단히 밥을 차리고, 내가 등교하면 가게로 출근하면서 시작됐다. 그렇게 온종일 장사를 하다가 밤 11시에서 12시가 다 되어서야 집에 들어왔다. 이것이 엄마가 폐암에 걸려, 일을 그만두기 전까지 지속해온 대부분의 일과였다. 또한, 엄마는 돈 문제에서 위험을 감수하는 성격이 아니어서 어떠한 대출이나 빚도 지지 않고, 그저 꾸준히 조금씩 저축만 했다. 집도 늘 전세였다. 저축하며 얻은 이자는 물가 상승을 따라가지 못했고, 전세로 묶인 재산은 그대로인 사이에 집값은 끝없이 치솟았다.

엄마의 발자취를 보면 개미처럼 끊임없이 움직이며 작은 성취를 쌓아온 모습이었다. 물론 세상은 공평하지 않고, 같은 노력이라도 어떻게 노력하는가에 따라 성취는 크게 달라지므로 영리하게 부지런할 줄도 알아야 한다. 엄마가 개미처럼 묵묵히 움직이는 동안 세상은 더 빠르게 변화했다. 꾸준히 모아온 현금의 가치보다 물질의 가치가 더 빠르게 올랐다.

 그렇기에 나는 엄마가 자신의 삶을 단순히 개미의 삶으로 여기지 않기를 바랐다. 그녀의 성실함과 꾸준함으로 만들어낸 발자취가 기쁨과 자부심으로 돌아가기를 원했다. 엄마가 얼마나 많은 것을 이뤄 왔는지, 그 삶의 무게와 가치를 나는 잊지 않을 것이다. 개미의 삶처럼 보일지라도, 그녀가 걸어온 길은 저 개미굴처럼 결코, 작지 않기 때문이다. 엄마의 삶은 단순한 노동의 연속이 아니라, 그 속에 사랑과 헌신, 희생이 가득 담긴 이야기였다. 나는 앞으로도 엄마의 발자취를 기억하며 그녀의 이야기를 전할 것이다. 그녀가 쌓은 모든 작은 성취가 모여 큰 의미를 만들었듯, 나도 나만의 길을 걸으며 그 가치를 이어가고 싶다. 엄마의 삶은 나에게 깊은 영감을 주는 무엇이 되었다.

35

베짱이가 되지 않은 개미

　엄마는 개미처럼 한 걸음씩 나아갔다. 어떻게 보면 그 한 걸음의 보폭이 세상의 속도에 비해 느렸을 수 있다. 그러나 그것은 경제적인 부분과 같은 단편적인 시각에서만 그렇게 보일 뿐, 양육자의 역할을 생각하면 결코 느리지도, 빠르지도 않았다. 다 큰 아들인 내가 지금 이 자리에서 엄마에게 사랑한다고 말할 수 있고, 이렇게 글로 마음을 담아내고 있는 것을 보면, 분명 그녀는 세상이 아닌 어린 나의 보폭에 맞춰 주었다. 세상이 아무리 빠르게 흘러가도, 그녀는 늘 내 옆에서 내 보폭에 맞춰 세상을 걸었다. 내가 태어난 순간부터 평생을 그렇게 살았다. 걷지 못할 때는 나를 품에 안았고, 네 발로 걷기를 졸업하지 못했을 때는 혹시 다칠까 봐 곁을 지켰으며, 두 발로 걷기 시작했을 때는 넘어지지 않게 한쪽 손을 내밀어 주었다. 직장에 들어가 어엿한 사회인을 향해 나아갈 때는 묵묵히 옆에서 함께 걸었다. 그러나 그녀의 일방적인 배려는 영원할 수 없었다. 언제부터인지는 알 수 없지만, 어느 순간부터 나의 보폭이 그녀의 보폭보다 커졌다. 한때는 그 짧은 보폭이 답답하게 느껴지기도 했다. 하지만 그 답답함을 깊이 들여다보면, 그 속에는 앞날에 대한 걱정과 지나온 날들에 대한 속상함이 뒤섞여 있었다.

나는 이렇게 한 걸음 걸어 나갈 수 있는데, 엄마는 왜 그리 못하나. 나는 이 담을 가볍게 넘을 수 있는데, 그녀는 왜 멈춰서 있나. '이래서야 나 없이 이 험난한 세상에서 어떻게 살아갈 수 있나?' 마음이 복잡했다.
"당연히 할 수 있지!"
"뭐가 아파, 하나도 안 아파!"
"괜찮아, 나 안 힘들어. 이거 봐봐!"
엄마는 자신이 아들의 걱정거리가 될까 봐 두려워했다. 내 걱정이 전해질 때마다, 그녀는 그 걱정이 필요 없음을 증명해 보이려 최선을 다했다. 힘들지 않다고 말하며 헉헉대면서도 언덕길을 멈추지 않고 올라갔다. 아픈 곳이 있는지 물어보면, 아프지 않다며 팔을 휘휘 저어 돌리고, 숨을 크게 들이마셨다 내쉬었다. 아침 방송에서 운동 선생님이 어려운 동작을 보여주면, 자신도 할 수 있다며 내 앞에서 시범을 보이곤 했다. 예전에는 이러한 증명이 오히려 내 마음을 더 후볐다. 자꾸 나에게 증명해 보이지 말라고 몇 번이고 말했건만, 엄마는 끊임없이 증명해왔다. 아마도 엄마는 내 걱정이 완전히 사라지지 않는 한, 걱정할 필요 없다는 것을 끊임없이 증명할 것이다.

 세상이 빠르게 흘러가는 것은 그렇게 중요하지 않다. 우리는 우리만의 속도로 걸어가면 된다. 빠르게 변하는 세상에 맞추려 아무리 애써도, 나이가 들면, 언젠가는 세상의 속도를 놓아줄 수밖에 없다. 세상을 쫓지 말자는 극단적인 말을 하고 싶은 것이 아니다. 다만 조심하자는 것이다. 세상을 어떻게든 따라가 보겠다고 안간힘을 쓰다가 자신도 모르게 소중한 것들을 놓칠 수도 있다. 그렇게 끝내는 세상도, 소중한 무언가도 남기지 않은 채, 자신과 지난날의 후회만이 남을지도 모른다. 나는 그렇게 믿는다. 나는 이 사실을 너무 늦게야 받아들였다. 엄마는 엄마, 나는 나였다. 함께 살면서도 삶에 대한 욕심으로 나를 위한 적절한 거리를 벌렸고, 넘지 말아야 할 경계를 그었다. 하지만 그 경계는 스스로도 떳떳하지 못했다. 올곧은 선이 아니라, 양심과 죄책감에 휘둘려 삐뚤빼뚤한 경계였다. 아마 중간에 끊긴 부분들도 많았을 것이다. 사실 나는 어렴풋이 알고 있었다. 내가 어머니를 사랑하지 않는 이상, 확실한 경계란 존재할 수 없다는 것을. 하지만 나는 그 사실을 외면했다. 온전한 내 삶을 살고 싶었기 때문이다. 정작 '온전한 내 삶'이 무엇인지조차 알지 못하면서 그러했다. 부담이었을까. 두려움이었을까. 욕심이었을까. 이제는 나의 보폭을 엄마의 걸음에 맞추어 걸으며, 삶이란 무엇인지 다시 배워야 할 때다. 엄마를 위해서도, 나를 위해서도.

36
묵도리 분식

보험 고객 중에 분식집을 운영하던 부부가 있었다. 나름 동네에서 장사가 잘되는 가게였고, 꾸준한 단골도 많았다. 맛이 특별히 뛰어난 떡볶이는 아니었지만, 동네에서 하루에도 몇 명씩은 꾸준히 찾아오는 그런 가게였다. 손님이 넘치지도, 그렇다고 모자라지도 않은 딱 그런 곳이었다.

"잘 지내셨어요?"

엄마는 고객 관리 차원에서 종종 그 가게를 방문했다. 늘 그랬듯 떡볶이 1인분을 먹으며 요즘 어떻게 지내는지, 건강은 어떤지, 이런저런 얘기를 나누었다.

"우리 이제 그만해야 할 것 같아."

가게 주인이 말했다.

"네? 이 가게를요?"

안부 인사차 들렀는데, 한순간에 작별 인사가 된 순간이었다. 수완이 좋지 않아 그만두려는 것이 아니었다. 당시 아내가 임신해 어쩔 수 없이 가게를 그만두기로 한 것이다.

엄마는 이 소식을 듣고 난 뒤 며칠 동안 생각에 잠겼다. 그리고 마침내 결심이 선 듯, 다시 가게를 찾아가 한 가지 부탁을 전했다.

"사장님, 이 가게 저한테 한 번 넘겨주세요."

이건 또 무슨 소리인가. 엄마는 그 부부에게 가게를 넘겨달라고 했고, 결국 그 가게를 이어받게 되었다. 어차피 보험일을 계속하기 어렵겠다는 생각이 들던 참이라 잘됐다 싶었다. 그렇다고 해도, 갑자기 떡볶이 가게라니. 어디서 샘솟은 용기였을까. 심지어 가게를 넘겨받기 전까지 떡볶이를 어떻게 만드는지도 몰랐다. 떡볶이를 제대로 만들어본 적이 없었던 엄마는 기존에 부부가 만들어 팔던 떡볶이 양념을 배우고, 스스로 만들어 먹어보며, 이것저것 새롭게 양념을 재조합했다. 그리고 만족스러운 맛이 나올 때까지 연구를 거듭했다.

"사실 내가 이 집 부부가 팔던 떡볶이를 먹어봤는데, 별로더라. 내가 만든 게 더 맛있어."

우연인지, 운명인지, 그 가게의 부동산 주인한테 솔깃한 이야기를 들었다. 양념을 만드는데 꽤 많은 돈을 썼지만, 생각보다 만족스러운 맛이 나오지 않아 골머리를 앓던 참이었다. "이거 알려주면 손해인데 궁금하면 알려줄게. 이거 돈 주고 배운 거야." 열정 가득한 엄마를 보고 무엇을 느꼈는지, 그 가게의 부동산 주인이 뜻밖의 도움을 주었다. 그가 알려준 양념은 고추장과 물엿을 사용하지 않고, 오로지 고춧가루를 사용했다. 게다가 카레 가루도 들어가, 은은한 카레 향이 퍼지는 것이 특징이었다. 엄마도 그 맛이 마음에 들었는지 그 양념으로 떡볶이를 만들어 팔기 시작했다. 일명 '카레떡볶이'였다. 부동산 주인이 전수한 비법 덕분에 가장 큰 문제였던 떡볶이 양념이 해결됐다.

엄마는 혼자 분식집을 운영했다. 장사도 나름 괜찮게 됐고 단골들도 생겼다. 엄마는 혼자서 분식의 대표 메뉴인 떡볶이, 튀김, 어묵, 김밥, 라면 등 다양한 메뉴를 전부 만들었다. 심지어 배달도 했다. 혼자서 운영하는데 어떻게 배달을 할 수 있었는지 잠시 의문이었지만, 해결책은 일곱 살이었던 나였다. 배달 주문이 오면 엄마는 일곱 살인 내게 가게를 맡기고, 오토바이를 타고 쌩하니 배달을 다녀오곤 했다. 지금 생각하면 아무것도 모르는 일곱 살에게 가게를 맡기는 엄마도 대단하다는 생각이 든다. 대단한 용기다.

"그거 기억나? 네가 손님한테 침 뱉었잖아."
"내가? 아, 맞다, 맞다. 근데 왜 뱉었지? 사실, 잘 기억이 안 나."
"엄마 잘못이었지…. 하하." 가장 기억에 남은 일이 무엇인지 묻자, 엄마는 그때의 사건을 꺼냈다. 엄마는 여느 때처럼 배달 주문이 들어오자, 일곱 살인 나에게 가게를 맡기고 배달하러 갔다. 배달을 마치고 다시 가게로 돌아오니, 가게에 있던 손님 두 명은 엄청 화가 나서 맹렬하게 환불을 요구했다. 일곱 살인 내가 자기들에게 침을 뱉었다는 것이 이유였다. 자초지종을 들을 여유가 없던 엄마는 그 손님들에게 머리를 조아리며 사과했고, 결국 음식값은 받지 않고 보냈다.

찰싹. 엄마는 내 엉덩이를 매몰차게 때리며 왜 손님들에게 침을 뱉느냐며 혼내기 시작했다. 나는 그때의 기억이 없다. 지금 생각해도 그때 내가 왜 침을 뱉었는지 기억나지 않는다. 그때 나는 가게가 떠나가라 큰 소리로 울기만 했다.
"어머니, 그만 하세요. 애 잘못 아닙니다."
구석 테이블에서 혼자 식사하던 단골손님이 나를 혼내던 엄마를 말리며 말했다. 혼내느라 손님이 있는지 알아차리지도 못했던 엄마는 갑자기 등장한 손님의 만류에 잠시 당황했다. 그 손님은 내가 침을 뱉게 된 이유를 설명해 주었다. 그 손님들은, 엄마가 없는 사이 괜히 가만히 있던 나를 툭툭 건드리며 놀렸다. 내가 하지 말라고 해도 계속 놀렸다.

"하지 마세요! 퉤!"

어려서 힘이 없던 나는 그 손님들에게 경고하기 위해 침을 뱉었다. 엄마를 말렸던 손님은 자초지종을 상세히 설명하고는, 가만히 지켜만 봐서 죄송하다는 사과를 연거푸 남기고 가게를 나섰다. 엄마는 그제야 상황을 파악했다. 그리고 아무도 없는 가게에서 무릎을 꿇은 채로 나를 끌어안고 꽤 오랫동안 울었다고 한다.

"그때만 생각하면 아직도 미안해."

"뭐가 미안해, 난 하나도 기억 안 나. 미안해하지 마."

엄마는 그렇게까지 혼낼 일이 아니었는데, 자신도 모르게 괜히 더 크게 혼을 냈다며 눈물을 보였다. 왠지 나는 알 것 같았다. 그날의 엄마가 왜 그렇게까지 혼을 냈는지. 20년이 지난 지금, 그날의 엄마를 이해해 본다면, 그날의 혼쭐에는 어미로서의 죄책감과 미안함이 함께 담겨있었을 것이다. 나를 때리면서 자신도 함께 때리지 않았을까 생각해본다.

"생각하니까 억울해. 그 두 명, 떡볶이에다가 튀김에 김밥까지! 진짜 많이 먹었는데."

엄마는 볼을 타고 흐르는 눈물을 닦으며 말했다. 그리곤 쓴웃음을 지어 보였다. 그때의 사건은 단순한 사고였지만, 그 속에 담긴 엄마의 마음은 깊고 복잡했다. 아이를 보호하고 싶은 마음과 동시에 자신의 무능력함에 대한 죄책감이 얽혀 있었다. 나는 그때의 일을 아예 잊어버렸지만, 엄마의 마음속에는 그날 느꼈던 복잡한 감정의 매듭이 아직 풀리지 않은 채로 남아 있는 듯했다.

37

기억에 없는 것을 기억한다는 것은

 나는 어린 시절의 기억이 거의 없다. 학생 때에는 어린 시절이 기억 나지 않는 것을 이상하게 여기지 않았다. 하지만 이번에 회고하는 과정에서, 엄마가 내게 어린 시절의 기억에 관해 물을 때마다 이상하리만치 대답하지 못하는 나를 발견했다. 내가 기억할 수 있는 어린 시절을 더듬어 올라가 보니, 대략 여덟 살 이전의 기억은 거의 없다는 것을 알았다. 마치 누군가가 여덟 살 이전의 기억을 가위로 싹둑 오려낸 듯한 느낌이었다. 인터넷에서 검색해 보니, 이를 두고 '유아 기억 상실증'이라고 설명한다. 아직 명확히 밝혀지지는 않았지만, 성장 과정에서 어린 시절의 기억이 빠르게 사라지는 현상이라고 한다. 이내 의문이 들었다. 그럼 나는 엄마에게 받은 사랑을 어떤 근거로 기억하고 느끼는가. 어린 시절의 기억이 거의 없는데도, 나는 엄마의 사랑을 분명히 기억한다. 당연한 일처럼 여길 수도 있지만, 기억에 없는 것을 기억하고 느낀다는 것은 대단히 신기한 일이다. 구체적인 상황이나, 엄마한테 들었던 말을 기억하지 못하더라도, 나는 그 모든 것들을 사랑이라는 형태로 바꾸어 기억하고 있다. 이 사실을 자각하는 것은 매우 중요하다.

 부모가 자식에게 물려주는 것은 물질적인 것뿐만 아니라 감정적인 부분도 포함되는데, 그 중심에 바로 '사랑'이 있다. 사람은 태어날 때부터 사랑을 주는 방법을 아는 존재가 아니다. 부모로부터 사랑을 받으며 사랑을 깨닫고, 받은 사랑의 형태를 기억하며 자신만의 사랑을 실현하는 방법을 찾아 나선다. 사랑을 받는 존재에서, 사랑을 주는 존재로 성장해 나가는 것이다. 사랑하는 것이 인간 본능의 영역이라면, 사랑의 모양을 만들어 가는 것은 배움의 영역이다. 어떤 사랑을 원하는지에 대한 구체적인 욕구, 내가 주려는 사랑의 방식과 형태, 사랑을 둘러싼 가치관 등. 그 모든 첫 출발점은 내가 받았던 사랑의 기억, 또는 그 사랑의 형태와 모양이다. 그래서 어떤 사랑을 받았느냐에 따라 사랑의 모양은 크게 달라진다. 어떠한 사랑은 뜨겁고, 어떤 사랑은 차갑다. 어떤 사랑은 날카롭고, 어떤 사랑은 둥글다. 어떤 사랑은 가시가 돋아 있어 다가오는 사랑에 상처를 내기도 하며, 어떤 사랑은 모든 것을 포용한다.

  결국 부모에게 받은 사랑은 내가 사랑을 형성해 나가는 과정에서 중요한 이정표가 된다. 내가 좋은 아빠가 되고 싶다는 목표를 세우고, 육아를 위해 많은 시간을 쏟고 싶은 욕심을 내는 것도, 내가 직접 기억하지는 못하지만, 마음속에 분명히 남아 있는 사랑의 기억이 영향을 준 것이다.

38
고결한 헌신을 안다는 오만

 우리 집의 첫 정착지는 대구였다. 나는 그곳에서 일곱 살 때까지 살았고, 초등학교 입학을 앞둔 무렵 우리 집은 대구에서 의정부로 이사하기로 했다. 아버지가 하던 일이 잘 풀리지 않았고, 자녀 교육에 대한 고민도 있었던 듯하다. 자세히 이야기를 들은 적은 없지만, 이런저런 이유로 오랫동안 고민한 끝에 내린 결정이었다. 서울로 가기에는 형편이 넉넉하지 않았고, 적당한 곳을 찾다가 선택한 지역이 의정부였다. 대구에서 수도권으로 옮기자는 결정에 대해 아버지는 반대했다. 대구를 벗어나는 것이 내키지 않았을 것이다. 구체적인 사정은 들을 수 없었지만, 평생 살아온 대구를 떠나 연고 하나 없는 서울 근처로 이사한다는 것은 분명 쉽지 않은 결정이었다.
 처음 계획은 주변 사람들의 이야기를 바탕으로 재료상을 개업하는 것이었다. 그러나 막상 이사 후, 자세히 알아보니 외상 거래가 많은 사업인 걸 알게 되었고, 외상을 감당할 자금이 부족해 시도조차 하지 못했다. 이사는 이미 끝났으니, 생계는 꾸려야 했다. 결국, 아버지는 건물에 통신선을 설치하거나 전깃줄을 수리하는 일을 찾아 나섰고, 엄마는 다시 분식집을 열기로 했다. 엄마가 분식집을 다시 시작한 이유는 누나에 대한 걱정 때문이었다. 엄마 말로는 대구에서 올라온 탓에 사투리가 두드러졌던 누나는 초등학교 시절, 친구들에게 놀림을 당했다고 한다(전투적인 성격의 누나가 놀림을 받았다는 사실은 조금 의외였다). 엄마는 그런 누나를 가까이 두고 보살피며 돈을 벌어야겠다고 생각했고, 초등학교 근처에 분식집을 개업했다.

엄마는 매물 찾기에 나섰다. 분식집 매물을 찾는 일은 여간 까다로운 게 아니었다. 가게 자리의 범위가 지나치게 제한적이었기 때문이다. 누나와 내가 다니는 학교와 가까이 있어야 했고, 동시에 다른 학교의 학생들이 접근하기에도 쉬워야 했다. 또한, 근처 주민들이 출퇴근길에 들르기 편한 곳이어야 했다. 다행이었던 것은 엄마가 이미 부산, 해운대, 대구에서 가게를 운영한 경험이 있었다는 점이다. 과거의 경험을 바탕으로 적합한 후보지를 선별했고, 운 좋게도 그중 한 곳에서 매물을 찾았다. 엄마는 그 매물을 처음 보자마자 '딱 여기다!'라고 확신이 들었다. 학교 근처 건물 모서리에 자리한 10평 남짓한 크기로 아주 합리적인 규모와 구성을 갖춘 가게 자리였다.

다른 일들은 나중으로 미루고 우선 계약부터 진행했다. 계약금은 절반이었다. 이제 남은 절반은 인테리어, 튀김기, 진열장 등을 하나씩 준비하면 되었다. 따지고 보면 엄마는 웬만한 회사에서 모셔갈 정도인 팀장급에 해당하는 유관 경험을 보유하고 있었기 때문에 준비 과정은 순조로웠다. 거의 모든 단계가 마무리되었고, 이제 가장 중요한 단계만이 남았다. 바로 상호였다. 결론부터 말하자면, 엄마가 정한 상호는 '김떡순 & 튀김나라'였다. 이 이름은 엄마가 며칠 밤을 고민하며 머리를 싸매고 만든 결과물이었다. 의미는 단순했다. 매우 직관적인 연결과 축약이었다. 김밥, 떡볶이, 순대를 뜻하는 '김·떡·순'에, 튀김이 가득한 가게라는 의미의 '튀김나라'를 이어 붙인 것이다.

엄마가 잔뜩 신난 목소리로 내게 물었던 그 순간이 지금도 생생하다.

"가게 이름은 '김떡순 & 튀김나라'야! 어때? 완전 괜찮지?"

"어…? 어!! 완전 괜찮네!"

그때, 엄마는 흰색 도화지를 한 손에, 두꺼운 검은색 유성 마커를 다른 손에 들고 부엌 앞에 서 있었다. 도화지에는 엄마의 고심이 고스란히 담겨있었다. 여기저기 후보로 생각한 가게 이름들이 적혀있었고, 그 가운데 '김떡순 & 튀김나라'에는 확신에 찬 동그라미가 크게 그려져 있었다. 이 이름을 짓고 나서, 엄마는 "전국에 이 이름을 가진 가게는 여기뿐일 거야!"라며 뿌듯해하셨다. 내가 그 이후 검색해 보니, 같은 상호의 가게가 전국에 여러 곳 있었다. 하지만 그 사실만큼은 끝내 엄마에게 말하지 않았다.

'김떡순'이라는 가게는 엄마에게도, 나에게도, 그리고 누나에게도 아주 특별한 의미를 지닌다. 나는 엄마에게 이 가게가 어떤 의미인지 직접 물어본 적은 없지만, 나에게 '김떡순'은 또 하나의 학교와도 같았다. 어쩌면 삶의 본질적인 부분에서, 학교보다 더 많은 것을 가르쳐준 훌륭한 학당이었는지도 모른다. 분식집은 학교에서 약 200미터 떨어진 곳에 있었다. 엄마는 내가 초등학교 3학년이던 해부터 분식집을 시작했다. 호흡기 바이러스 감염병인 코로나가 확산되자, 정부가 '거리두기

정책'을 시행했고, 가게는 그 타격을 버티지 못하고 문을 닫았다. 그렇게 무려 16년 동안 이어온 분식집 운영은 막을 내렸다. 가게를 운영하는 동안 엄마의 하루는 거의 비슷한 패턴을 반복했다. 아침 일찍 일어나 나를 깨우고, 학교에 보낸 뒤 곧바로 가게에 나갈 준비를 했다. 손님들에게 더 맛있는 물을 제공하고 싶다며 보리차를 끓였고, 여름에는 냉면 육수를 직접 끓여 시판 제품과 1대1 비율로 섞은 뒤 1.25L짜리 빈 페트병에 옮겨 담았다(방학 기간에 나도 종종 이 일을 도왔다). 이렇게 해야 할 준비는 매일 산더미처럼 쌓여있었다. 엄마는 점심 전에 가게 문을 열고, 밤 10시가 되면 주문을 마감했다. 한 시간 넘는 청소를 끝내고 집에 돌아오면 늘 밤 11시를 훌쩍 넘겼다.

장사를 처음 시작했을 때는 주말에도 쉬지 않았다. 가게 근처에 유명한 등산로가 있었기 때문에, 주말마다 찾아오는 등산객들을 놓칠 수 없다고 생각했기 때문이다. 그 시절 나는 너무 어려서, 엄마의 하루가 얼마나 고되고 힘든지 전혀 알지 못했다. 초등학교와 중학교 내내, 엄마의 고된 일상은 그저 '당연한 것'으로 여겨졌다. 그러다 고등학생이 되어서야 비로소 그 일이 얼마나 힘든지 조금씩 깨닫기 시작했다. 하지만 그마저도 깊이 느끼기보다는 그냥 스쳐 지나가는 생각에 그쳤다. 20대 후반이 되고, 세 번째 회사에 다니고 있는 지금에서야 그 고결한 헌신을 조금은 짐작할 수 있게 되었다. 하지만 나는 아직 부모가 아니고, 한 가지 일을 16년 동안 해본 적도 없다. 그렇기에 그 헌신을 안다고 말하는 것은 지나친 오만일 것이다. 나는 아직도 엄마의 헌신이 어느 만큼의 깊이와 무게를 지녔는지 헤아리지 못한다. 다만 분명한 것은, 시간이 흐르고 내가 사회의 냉혹한 현실을 거듭 마주할수록 그 헌신은 다시금 빛을 발할 것이라는 사실이다. 그것은 내게 끝없는 가르침이 될 것이며, 더 깊은 감사와 미안함, 그리고 언젠가는 지울 수 없는 후회로 남게 될지도 모른다.

39
방과 후 학교

'김떡순'은 나에게 일종의 '방과 후 학교'였다. 학교가 끝나면 늘 가게로 향했다. 가게에 가면 손님들이 꽤 많았는데, 난 북적거림이 유독 심한 날이면 "엄마! 나왔어!"라고 소리치며 아들이라는 권한을 알리곤 했다. 그래야만 손님들이 길을 터주어 북적거리는 인파를 쉽게 뚫고 지나갈 수 있었다. 인파를 뚫고 들어가면 자연스럽게 국자와 500원짜리 종이컵을 들고 떡볶이를 퍼 담아 먹었다. 친구들은 이 모습을 유독 부러워했다. 떡볶이 말고도 많은 메뉴가 나를 기다리고 있었다. 짜장떡볶이, 피카츄 모양의 미니 돈가스, 냉면, 순대 꼬치.

나는 가게에 가면 그날 학교에서 있었던 일을 빠짐없이 엄마에게 털어놓았다. 친구와 나눈 이야기, 재미있었던 수업, 누가 누구랑 싸웠는지, 오늘 급식 반찬 중 고기 반찬이 얼마나 맛있었는지까지, 사소한 일까지 모조리 얘기했다. 그렇게 매일 하루 일기를 엄마와 함께 쓰듯 서로의 기억에 남겼다. 덕분에 그날의 일들을 더 깊이 이해할 수 있었고, 내 일상의 거의 모든 장면 옆에 늘 엄마가 자리하게 되었다. 엄마가 일하는 모습을 가장 가까이에서 지켜보며 많은 것을 배웠다. 그것은 학교에서 가르쳐주지 않는 삶의 교훈들이었다. 경제적 개념, 노동의 의미, 사회의 복잡함, 인간관계 등. 그중에서도 나는 경제적 개념과 인간관계에 대해 남다른 이해를 갖게 되었다.

나는 또래보다 일찍 나만의 경제적 기준을 세울 수 있었다. 그래서 어릴 적부터 돈을 아끼고 모을 줄 알았다. 솔직히 말하자면, 돈을 쉽게 쓸 수 없었다. 엄마가 매일 어떻게 일하는지 보고 있었기 때문에, 내가 쓰는 돈과 그만큼의 엄마의 노동을 비교하지 않을 수 없었다.
「돈=노동의 대가」
「돈을 소비하는 것=어머니의 노동력을 소비하는 것」
이것이 어릴 적 내가 내린 소비에 대한 정의였다. 엄마는 몸소 돈이 곧 노동의 대가임을 가르쳐주셨다. 엄마는 땀을 뻘뻘 흘리며 만든 분식들을, 파란색 지폐와 교환하는 거래를 매일 보여주셨다. '김떡순'에서 판매되는 분식의 가격은 대개 오백 원, 이천 원대였다. 내가 너무 싸다고 말할 때마다 엄마는 학생들은 돈이 없으니 이렇게 받아야 한다며 매번 소신을 굽히지 않았다. 실제로 천 원짜리 메뉴들이 잘 팔렸다. 그래서 나에게 천 원이라는 돈은 언제나 엄마의 노동력을 측정하는 기준 단위가 되었다.

"야, 승희야, PC방 갈래?"
"PC방? 언제?"

친구가 PC방에 가자고 하면, 나는 자연스럽게 이렇게 생각했다. 'PC방이면 2,000원인데… 2,000원이면 엄마가 떡볶이를 만들어서 빨간 통에 담아 두 명한테….' 돈을 써야 하는 상황이 오면 항상 이런 식으로 생각하고 고민했다. 내가 1,000원을 써야 하는 순간이 오면, 그에 상응하는 엄마의 노동이 머릿속에서 생생히 그려졌다. 1,000원은 곧 엄마가 힘겹게 만든 떡볶이를 빨간 컵에 담아 손님에게 내주고, 그 떡볶이를 만들기 위해 여러 재료를 하나하나 준비하며, 장사를 마무리하며 바닥을 걸레로 힘겹게 닦는 모든 노동을 의미했다. 무더운 여름날 부채질을 신명 나게 하던 모습도, 추운 겨울날 입김이 떠나지 않던 엄마의 입가도 그 노동의 무게를 더했다. 그러니 내게는 소비에 앞서 가치 판단으로 이어지는 것이 너무나 자연스러운 사고 과정일 수밖에 없었다. 내가 지금 1,000원을 내고 PC방에서 한 시간 동안 게임하는 것이 어머니가 피땀 흘려 번 노동의 대가 만큼 가치가 있는가? 늘 그런 질문을 스스로에게 던졌다. 어린 나이였지만 엄마의 노동을 옆에서 매일 봐왔기에, 대부분의 소비가 그에 상응하는 가치들을 가지고 있지 않다고 느꼈다. 그래서 나는 돈을 쉽게 쓰지 않았다. 주머니에서 돈을 꺼내다가도 다시 집어넣곤 했다.

"아냐 난 다음에 할게! 오늘은 게임하기 싫다."
"얼마나 하려고? 끝날 때쯤 갈 테니까 그때 만나자!"

친구들과 어울리기 위해 돈을 써야 하는 상황이 생길 때면, 나는 갖가지 이유를 만들어 그 상황을 피했다. PC방에 가더라도, 분식집에서 군것질하더라도 그 일정이 끝날 즈음 합류하거나, 옆에서 지켜만 보는 때가 많았다. 아주 가끔은 이러한 상황들이 약간의 스트레스로 다가올 때도 있었다. 하지만 대개 힘들지 않았다. 게임을 하지 않아도, 분식을 먹지 못해도 괜찮았다. 나는 그저 친구들과 함께 있는 걸로 충분했다. 오히려 뿌듯했던 순간이 더 많았던 것 같다. 뭐랄까. 소중한 노동에 대한 대가를 지켜냈다고 해야 할까. 그러면서도 친구들과 지혜롭게 잘 어울리는 내 모습이 대견했다. 이러한 경험들은 나에게 큰 배움이었다. 어린 시절부터 돈의 무게를 생생히 느낀 덕분에 지금의 계획적인 소비 습관, 꾸준한 저축, 그리고 적극적인 투자로 이어졌다.

엄마가 의도한 것은 아니었겠지만, 나는 초등학교 때부터 엄마의 노동을 곁에서 지켜보며 돈이 어떻게 흘러가는지를 현장에서 배웠다. 1,000원을 벌기 위해 어느 정도의 노동이 필요한지도 깨닫게 되었다. 주변 친구들 대부분은 돈을 소비하기만 했다. 그들은 몰랐다. 돈을 벌려면 얼마나 많은 시간적, 물리적 투자가 필요한지, 자신들의 손에 쥐어진 돈이 부모님의 고된 노고였다는 사실을 깨닫지 못했을 것이다(알았다면 그렇게 쉽게 쓰지 못했을 것이다). 결국, 나는 '김떡순'을 통해 일상에서 가장 가까운 경제 교육을 일찍부터 받은 셈이다. 누구나 한 번쯤 받은 적 있는 과제가 떠오른다. 부모님의 직장을 견학하거나, 그와 비슷한 일을 하는 곳에 가서 체험 보고서를 작성하는 과제 말이다. 내 기억으로는 초등학교 4학년인가, 5학년 때였던 것 같다. 친구들은 이걸 왜 하냐며 불평불만을 늘어놓았지만, 나는 이미 느껴본 부분이었기에 그 과제가 목표하는 가치를 조금은 이해할 수 있었다.

사실 선생님이 앞에서 설명하는 과제를 나는 이미 오래전부터 수행하고 있었으니 내심 뿌듯했다. 그리고 학교 앞에 엄마의 일터가 있다는 것도 매우 자랑스러웠다. 그래서 과제를 받고 곧장 가게로 달려갔던 기억이 있다. 초등학교에서 엄마 가게까지 거리는 불과 400미터 남짓이었다. 일직선으로 이어진 길을 따라 아파트와 슈퍼를 지나고, 횡단보도만 한 번 건너면 앞치마를 두른 엄마가 늘 같은 자리에서 밝게 웃으며 나를 반겨주었다. 과제를 위해서 대상자에게 몇 가지를 질문해야 했는데, 나는 첫 번째 질문만 하고 나머지는 하지 않았다. 이미 답을 알고 있었기 때문이었다.

부모의 노동이 어떤 의미인지 깨닫게 되는 것은 경제 관념을 세우는 데 중대한 영향을 준다고 배웠다. 그래서 나는 훗날, 내가 경험했듯이 자식 교육을 위해 출근을 함께해보고 싶다는, 일종의 버킷리스트가 있다. 어릴 때는 노동의 현장을 직접 보지 않으면, 자신이 지금 쓰는 돈이 얼마만큼의 노동 가치를 담고 있는지 결코 이해하기 어렵다. 만약 이런 프로그램으로 자녀들이 부모의 일터를 직접 경험할 수 있다면, 그들은 노동의 가치와 의미를 더욱 깊이 이해할 수 있을 것이다. 부모의 노동이 당연한 것이 아니라 가족을 위한 헌신임을 깨닫고, 그 뒤에 숨겨진 사랑과 희생을 헤아리게 되는 경험은 가족 간에 깊은 유대감을 형성하는 데에도 도움이 될 것이며, 개인으로서도 앞으로 살아가는 데 중요한 교훈이 된다고 생각한다. 난 회사나 근무지에서 허락만 해준다면, 아이가 어느 정도 컸을 때 자식과 함께 출근해 옆에 앉혀 둘 생각이다. 새벽 6시에 일어나서, 허겁지겁 준비하고, 손 한 번 제대로 올릴 수 없는 그 빽빽한 지옥철을 거쳐, 회사 로비를 지나며 자연스럽게 새로운 페르소나를 입는 순간까지 함께하고 싶다.

"아빠, 어디가?"
"아들, 아빠 지금 전무님께 보고서 하나 제출하고 올게. 늦으면 먼저 퇴근하렴."

40

그녀의 두 가지 직업

　엄마는 분식집을 운영하면서 온종일 학생, 어른, 노인 가릴 것 없이 동네 주민들과도 친분을 맺었다. 인간관계에서도 어느 정도 경지에 이르렀다고 볼 수 있었다. 찾아오는 손님의 유형에 따라 태도를 유연하게 바꾸었고, 그래서 '김떡순'은 어떤 손님이 와도 함께 웃을 수 있는 그런 가게였다. 학교 근처에 있는 분식집이다 보니 찾아오는 손님 중에서도 학생들과 특히 관계가 좋았다. 소위 '일진'이라고 불리는 학생들에게는 동네 연예인 같은 존재였다. 옆에서 지켜본 결과, 엄마도 내심 그 인기를 즐기고 있었다(집 근처 마트에 가더라도 누군가 자신을 알아본다며 꼭 외모를 점검했다). 정말 흥미로웠던 점은, 학교에서 마치 최상위 포식자로 군림하던 무서운 형, 누나들도 엄마 앞에서는 순한 양이 되었다는 것이다. 그들은 일반적인 가게 주인과 손님의 관계가 아니었다. 그들 역시 나처럼 엄마와 '김떡순'이라는 존재를 학창 시절의 일부로 여기고 있었다. 아마도 나와 같이 '김떡순'을 찾아가는 학생들에게 하교 후 가게에 들르는 것은 마지막 교시와도 같았을 것이다. 나는 종종 엄마를 분식집 사장을 가장한 청소년 지도사라고 생각했다.

엄마가 학생들을 대하던 방식에는 배울 점이 참 많았다. 그중 가장 인상 깊었던 능력을 꼽자면 '교화'였다. 엄마는 주로 진심 어린(어쩌면 자기희생적인) 행동으로 그들을 교화했다. 대표적인 사례로 일진들의 필수 역량인 '찍찍이'를 들 수 있다. 이는 단순히 침을 뱉는 것이 아니라, 앞니 사이로 침을 더 거칠고 위엄 있게 발사하는 행동을 의미한다. 낭만이 넘쳤던 학생들은 때와 장소를 가리지 않고 찍찍거렸고, 그 목표물에서 '김떡순'도 예외는 아니었다. 일진들이 '김떡순'에서 습관처럼 앞니 사이로 침을 '찍' 뱉으면, 엄마는 그 행동을 직접적으로 지적하지 않으려 노력했다. 처음 찾아오는 학생처럼 아직 진실한 관계를 맺기 전인 학생일수록 더욱 그러했다. 가게 안에는 '침을 뱉지 마세요.' 같은 경고문도 붙어 있지 않았다. 학생들이 침을 뱉을 때마다 엄마가 했던 행동은 단 한 가지였다. 침을 뱉은 학생 앞에 쭈그려 앉아, 바닥에 묻은 침을 휴지로 직접 닦는 것이었다. 엄마는 하지 말아야 할 행동을 지적하기보다, 그 행동의 결과를 즉각적으로 몸소 보여주었다. 침을 뱉으면 누군가는 그것을 닦아야 한다는 사실을 그 순간 보여줌으로써, 학생이 결과에 대한 책임감과 죄책감을 느끼도록 했다. 엄마는 이렇게 자신만의 방식으로 찍찍 침을 뱉는 학생들에게 그 행동이 잘못되었음을 스스로 깨닫고 변화의 필요성을 인지시켰다.

이러한 방식은 침 뱉는 행동뿐만 아니라 쓰레기 문제에도 효과적으로 작용했다. 몇몇 손님들, 특히 학생들이 떡볶이를 먹고 난 뒤 나온 컵이나 젓가락 같은 쓰레기를 가게 쓰레기통이 아닌 가게 주변 길에 일부러 버리고 가곤 했다. 이것은 은근히 골칫거리였다. 가게에서 멀리 떨어진 곳에 버려진 쓰레기는 어쩔 수 없었지만, 가게 근처에 분식 쓰레기가 버려져 있으면 결국 그 책임이 엄마에게 돌아왔다. 종종 주변 사업장에서 엄마에게 가게에서 발생한 쓰레기를 치워 달라는 항의가 들어오기도 했다. 또 다른 문제는, 학생들이 버리고 간 쓰레기를, 어디까지 치워야 하는가였다. 가게로부터 얼마나 먼 곳까지 처리해야 하는지, 애매한 상황이 많았다. 학생들이 너무 많이 버리니, 엄마는 요주의 학생들에게 쓰레기를 좀 버리지 말라고 직접 말하기도 했다. 그러나 큰 효과는 없었다. 그래서 엄마는 손님들이 없을 때면 틈틈이 가게 주변을 돌며 버려진 쓰레기를 손으로 주워 담곤 했다. 이 과정에서 엄마는 일부러 학생들에게 그 모습을 은근히 보여주었다. 학생들이 가게 근처에 모여 있으면, 밖으로 나가 쓰레기를 줍곤 했다. 의도한 행동인지 직접 물어보진 않았지만, 매일 옆에서 지켜본 아들의 시점으로 판단해 보면, 그것은 분명 의도된 행동이었다.

시간이 조금 지나자, 그 무서웠던 형, 누나들을 포함해 '김떡순'을 찾던 학생들은 가게에서만큼은 침을 뱉지도 않았고, 쓰레기도 가게 근처에 버리고 가지 않았다. 더욱 재미있는 점은, 습관적으로 침을 뱉던 학생들이 무심코 침을 뱉으면 주변 친구들이 지적하거나, 스스로 실수한 것을 깨닫고 얼른 침을 닦았다는 것이다. 심지어, 어떤 학생들은 주변에 버려져 있던 떡볶이 컵을 직접 주워 가게 쓰레기통에 버리기도 했다. 정말 재미있었다. 학교에서는 산처럼 솟은 어깨를 장착하고, 쉬는 시간마다 담벼락 근처에서 몰래 담배를 피우고 꽁초를 아무 데나 버리던, 선생님들도 함부로 못 대하던 학생들이었다. 그런 아이들이 가게 주변 쓰레기를 주워 엄마에게 가져다주니 그 행동이 엄마에 대한 애정이었는지, 도덕적 행위였는지는 잘 모르겠다. 어찌 되었든 가게 바닥이 진득한 침으로 더럽혀질 일이 없어졌고, 가게 주변 쓰레기들도 많이 사라졌다.

'선한 영향력'

 나는 선한 영향력이라는 개념을 정말 좋아한다. 아마도 이때의 엄마를 보며 그 의미를 처음으로 이해하게 된 것 같다. 선한 행동, 마땅히 지켜야 할 도덕적 행동들을 직접 보여주고, 그것을 본 사람들이 스스로 느낀 바에 따라 행동을 바꾸는 것. 엄마는 그렇게 학생들에게 종종 선한 영향력을 끼쳤다. 처음에는 사실 굉장히 불쾌했다. 기껏해야 나보다 한두 살 많거나 적은 학생들 앞에서, 엄마가 바닥에 떨어진 쓰레기를 줍고, 습관처럼 뱉은 침을 닦는 모습이라니. 나에게 엄마는 너무나 소중한 사람이었기에, 그런 장면을 보기 어려울 정도로 불편했다. 그런 행동의 의미를 헤아리지 못하고 어린 마음에 화가 앞서서, 침을 뱉은 후배에게 침을 뱉지 말라고 지적하며 불쾌감을 드러내기도 했다. 가끔 참기 어려울 때면, 그냥 침을 뱉지 말라고 말하면 되지 않느냐며 엄마에게 따지기도 했다. 하지만 엄마는 그럴 때마다 아무 일도 아니라며, 오히려 속상해하는 나를 다독였다. 이 방식이 옳다며, 끝까지 그들 마음속에 존재하는 선한 마음을 굳게 믿었다. 그리고 엄마의 믿음이 옳

앉음을 깨닫는 데에는 그리 오랜 시간이 걸리지 않았다.

그 후로는 가게에서 벌어지는 일에 웬만해선 개입하지 않았다. 내가 개입하는 순간, '분식집 사장'과 '학생 손님' 사이에서 자연스럽게 형성된 무언가 더욱 건강하고 신비로운 관계가 깨질 것만 같았다. 돌이켜보면, '김떡순'이라는 공간은 단순한 분식집이 아니었다. 그곳에서 나는 사회와 역할, 책임과 위치 같은 것들을 처음 이해하기 시작했던 것 같다. 엄마의 행동은 단순히 분식집을 운영하는 차원을 넘어, 학생들 사이에서 긍정적인 문화를 만들고, 책임감과 배려를 가르치는 일이었다. 그래서 '김떡순'은 단순한 분식집이 아니었다. 그곳은 작은 사회였고, 동시에 이웃과 학생들에게 또 하나의 작은 학교였다.

엄마의 선한 영향력 때문이었는지, '김떡순'에는 유독 무서운 선배들이 자주 모였다. 이게 나에게는 참 양날의 검과 같은 일이었다. 나는 학교가 끝나면 늘 가게로 향했다. 엄마와 학교에서 있었던 일을 나누고, 간단히 저녁을 해결한 뒤 방과 후 수업을 받으러 다시 학교로 돌아가곤 했다. 그런데 가게에 도착하면 엄마보다 먼저 나를 반겨주는 건 항상 무서운 선배들이었다.

"오, 승희, 왔어? 아줌마, 승희, 왔어요~"

"그래? 아들 왔구나~"

그런 선배들과 친해지는 게 싫지만은 않았다. 마치 엄마의 학창 시절처럼 든든한 지원군이 내 뒤에 있는 듯한 기분이었다. 친구들이 무서워하던 선배들이 나에게 잘해준다니, 내심 즐거웠다. 하지만 그들은 확실히 자극적이었다. 엄마가 바로 옆에 있음에도 나에게 당혹스러운 질문을 아무렇지 않게 던졌다. "야, 승희야, 너 솔직히 말해. 너 야동 본 적 있지?"

"너 꼬추 몇 센티야?"

"엄마 앞이라서 말 못 하는 거지? 나한테 슬쩍 얘기해 봐."

나는 그런 질문이 나올 때마다 아무것도 모른다며 가게 밖으로 도망쳤다.

"아이고! 하지 말라니까!" 선배들이 그렇게 괘씸한 장난을 칠 때면 엄마는 한 손에 떡볶이 국자를 든 채로 선배들을 향해 소리치곤 했다. 물론 그들은 아랑곳하지 않았다. 언제나 똑같은 태도와 분위기로 나를 반겼다. 그 선배들의 질문들은 늘 당혹스럽고 도전적인 과제였지만 그것 또한 '김떡순'의 일부였고, 엄마 덕분에 얻은 특별한 선물이라고 여겼다(그래도 한 번쯤은 되물어볼 걸 약간은 후회가 된다).

41
누구나 여덟 살 아이를 품고 있다

'김떡순'은 다양한 모습을 갖추고 있었다. 평상시에는 분식집이었다가, 때로는 청소년 지도 센터가 되고, 고민 상담소가 되기도 했다. 야근하고 퇴근한 직장인, 학교에서 센 척하던 형, 근처에서 일하는 아르바이트생, 학원 끝나고 온 수험생 등 모두가 엄마 가게에 찾아와 남들에게 쉽게 꺼내지 못했던 고민을 털어놓았다. 지역 상황과 여론을 알고 싶다면 택시 운전사에게 물어보라고 했던가, 동네에서 가장 많은 비밀과 소식을 아는 곳은 미용실이라고 했던가. 우리 동네에서는 가장 많은 고민과 인간이야기들이 모였던 곳이 '김떡순'이었다.

그 거리에서 엄마의 가게는 단순한 떡볶이 가게를 넘어 그 이상의 역할을 하고 있었다. 누구나 쉽게 꺼내지 못하는, 속사정들이 있다. 인간이 가진 감정과 사고 체계를 이해하기 어려운 이유는 가장 가까운 사람들에게조차 어려움을 털어놓지 못하는 상황에서 드러난다. 그래서 때로는 고민을 상담하기에 가장 적합한 상대가 생판 모르는 남이 되기도 한다. 만약 내가 학생인데 부모님에게 말하지 못할 고민이 있다면, 나는 '김떡순'에서 떡볶이를 건네받으며 슬쩍 이야기를 꺼냈을 것이다. 그곳은 찾아오는 손님들의 삶에 깊게 관여하지는 않지만, 언제나 같은 자리에 존재했다. 이해관계가 전혀 얽히지 않기에, 상담소가 되기에 더없이 적합한 곳이었다.

엄마는 라디오를 좋아해서, 가게에서는 언제나 마음을 편안하게 해주는 라디오 소리가 적절한 크기로 흘러나왔다. 떡볶이를 휘젓는 국자 소리와 어우러긴 그 소리는 묘하게 마음을 평온하게 해주었다. 사람들은 그 평온한 소리와 기분 좋게 해주는 분식의 자극적인 맛에 이끌려 자신의 고민을 엄마에게 털어놓곤 했다. 하지만 가만히 들어보면, 꼭 고민이 아닌 경우도 많았다. 그저 자신의 이야기를 들어줄 누군가가 필요했을 뿐이었다. 사람들이 고민에 관해 오해하는 것이 있다. 고민은 마음속으로 괴로워하거나 애를 태우는 것을 의미하지만, 그 고민을 털어놓는다고 해서 반드시 문제점이나 해결점을 찾아야 하는 것은 아니다. 때로는 그저 말하는 것만으로도, 마음이 한결 가벼워지기도 한다. 말하는 이가 구체적으로 요청하지 않는 한, 고민을 마주했을 때 첫 번째 단계는 '감정 읽기'다. 이야기 속 문제보다는, 이야기 속 사람을 이해하고 공감하는 것이 우선이다.

"뭘 어떻게 해. 나는 그냥 들어주는 거지."
'김떡순'에서 고민을 털어놓는 손님들은 해결책을 얻고 싶어서가 아니라, 그저 답답한 마음을 누구에게라도 말하고 싶어서 엄마에게 고민을 털어놨다. 일종의 하소연이랄까. 누군가가 자신의 이야기를 들어주는 것만으로도 위로가 되는 법. 엄마는 그것을 잘 알고 있었다. 그래서 손님들의 이야기를 늘 같은 자세로 들어주었다. 나는 고민이 전혀 해결되지 않은 채 우울한 얼굴로 들어왔다가, 웃으며 나가는 손님들을 수없이 보았다.

재미있었던 것은, 고민을 이야기하다가도 다른 손님이 오면 급히 이야기를 마무리하고 나가지만, 새로 들어온 손님 앞에서 또다시 자신의 고민을 이야기한다는 점이었다. 주로 영업이 끝날 시간이 가까워질수록 그런 손님들이 많았다. 나는 아들이라는 권한을 활용해서, 조용히 그 모습을 지켜볼 수 있었다. 손님들은 마치 나를 가게의 일부처럼 여기는 듯했다. 물론 이야기 속에서 슬프거나 더욱 진솔한 고백이 필요하다고 느낄 때면 나는 조용히 밖으로 나가기도 했다.

 손님들이 지불하는 돈에는 분식값만 포함되어 있지만, 밤에는 꼭 그런 것만은 아니었다. 가끔은 음식값이라기보다는, 고민을 들어주는 대가로 지불하는 경우가 더 많았다. 낮에 찾아오는 손님들이 가게를 나갈 때, 포만감에 만족한 표정을 짓는다면, 이렇게 고민을 털어놓는 손님들은 마음의 위안을 얻고 가는 표정을 지었다. 그들은 언제나 위로와 안식을 주었던 엄마 앞에서 굳이 자신을 포장할 필요가 없었다. 자신의 나약함을 들키지 않기 위해 괜한 자존심을 내세울 필요도 없었다. '김떡순'에 있는 엄마 앞에서는 온전한 자신의 인간성을 꺼내 보일 수 있었다. 학교에서 자신감 넘치고 무서울 게 없어 보였던 선배도, 지친 표정으로 퇴근하는 직장인도, 모두 관심과 애정이 필요하다는 것을 나는 그때부터 깨달았다. 그래서 내가 학생 때부터, 누구에게나 사랑과 진심은 통한다고 믿어왔던 것 같다. 누구에게나 사랑과 진심이 필요하다는 것을 알았으니까.

 이렇게 보면 '김떡순'에서 참 많은 것을 배웠다.
 나는 엄마가 가진 인간관계 능력을 배우고 싶었다. 떡볶이를 팔았던 엄마였지만, 가끔 내 눈에는 위로와 안식을 팔고 있는 사람처럼 보였다. 겉으로 드러난 것뿐만 아니라, 속에 남몰래 품고 있는 아픔까지 헤아려 위로할 수 있는 사람이 되고 싶었다. 엄마는 그것에 너무나 능숙했다. 나는 제일 가까운 자리에서, 엄마가 손님들을 대할 때의 가치관과 태도를 보았고, 그 손님들이 마음을 여는 과정을 지켜보았다. 그렇게 사람 관계에서 진심이 진정한 힘이라는 것을 알게 되었다.

'김떡순'을 찾아오는 손님들을 보며 깨달은 것은, 누구나 자신이 책임감을 느끼는 소중한 사람 앞에서는 쉽게 보여줄 수 없는 나약함을 품고 있다는 것이다. 나이가 들수록 우리는 그 나약함을 더욱 깊은 심연으로 밀어 넣는다. 그리고 그렇게 생긴 공간을 인내와 책임감으로 꽉꽉 채운다. 너무 깊은 심연에 닿으면, 그 속에서 외롭게 소리치는 어린아이의 목소리조차 듣기 어렵다. 누구나 마음속에는 여덟 살 아이가 홀로 외로이 서 있다. 성숙한 어른이 되려면 그 심연 속 아이에게 손을 내밀 줄도 알아야 한다. 사회에서 나로 살아가기 위해 다양한 사람과 어울릴 줄 아는 것도 중요하지만, 인생을 나답게 살기 위해서는 가끔 심연 속 여덟 살짜리 나에게도 기꺼이 손을 내밀어야 한다.

42

비밀 따위는 사치

 엄마는 내가 학교생활을 어떻게 하는지 속속들이 알고 있었다. 학교에서 일어나는 모든 이벤트를 알고 있었다. 내가 매일 하교하고 습관처럼 말했던 까닭도 있었지만, 내가 말하지 않아도 학교 선배나 친구들이 내 소식을 엄마에게 전했던 경우도 많았다. 엄마가 알게 되면 곤란한 소식은 유난히 더 빨리 전달되었던 것 같은 묘한 위화감도 함께.

 "아줌마! 승희가 오늘 현수랑 싸워서 담임 선생님께 혼나고 울었어요!"

 "아줌마, 오늘 승희가 반에서 1등 했어요!"

 "오늘 승희, 기분이 많이 안 좋은 것 같아요."

 "아줌마, 오늘 승희가요…." 비밀이 없는 학교생활이란.

 학교에서 발생한 어떤 일에 대해서도 엄마와 나 사이에는 비밀이 없었다. 내가 말하지 않아도 결국 다 알게 되니 엄마도 조금 부담스러웠다(나도 마찬가지였지만). 혹여 아들인 내가 힘들어하지 않을까 걱정이었다. 그래서 엄마는 자신만의 규칙을 정했다. 학교에서 나와 관련된 이야기가 들리면, 내가 직접 말하기 전까지 모른 척했다. 그 소식이 좋은 일이든, 안 좋은 일이든, 나를 통해 듣게 된 정보가 아니라면 나에게 먼저 묻거나 아는척하지 않았다. 어느 정도까지 비밀이 없었냐면, 초등학교 때 어느 친구와 싸운 적이 있었는데, 그 친구는 싸운 이후 나의 모든 행적을 하교 후 엄마에게 일거수일투족 알리기도 했다. 단순히 알렸다기보다는 고발에 가까웠다. 내가 어느 선생님께 혼났는지, 어떤 욕을 했는지 전부 다 일렀다. 결국, 참다못한 엄마가 가게에서 그 친구를 내쫓았다.

중학교 때도 별반 다르지 않았다. 시험 성적이 발표되는 날이면 수많은 소식통이 나 대신 엄마에게 국어, 수학, 영어 등 주요 과목 순으로 친절하게 결과를 전달했다. 이뿐만이 아니었다. 수학 시험에서 배점이 가장 컸던 서술형 문제를 틀렸다는 것부터, 성적이 기대에 미치지 못해 사물함 문을 쾅 닫았네, 기분이 좋지 않아 밥도 먹지 않았네, 성적에 얼마나 만족하는지, 기분 상태는 어떤지, 심지어 사후 조치까지 면밀하게 보고했다. 그래서 엄마는 나에게 성적 확인서를 요구할 필요가 없었다. 이 정도로 구체적으로 들려오는데 확인서가 무슨 소용인가. 이런 비밀이 없는 상황은 서로에게 부담으로 다가갈 때가 많았다. 엄마는 굳이 알고 싶지 않은 아들의 학창 생활이 있었고, 나도 당연히 숨기고 싶은 나만의 학창 생활이 있었다. 하지만 알리고 싶지 않지만 알려지고, 듣고 싶지 않지만 들려오니 서로 현실을 빠르게 받아들인 듯했다. 어느 순간부터는 비밀이 없었던 게 오히려 좋다고 생각하게 되었다. 비밀이 없던 학창 생활 덕분에 지금까지도 엄마와 딱히 비밀 없는 사이로 지내고 있기 때문이다.

43

도둑맞은 졸업식

 '김떡순' 덕분에 나는 학교 친구들과 두루두루 잘 어울리는 편이었다. 하지만 나보다 더 폭넓게 학교 친구들과 어울렸던 것은 엄마였다. 가끔 가게에서 엄마 덕분에 같은 학년의 학우를 새롭게 알게 되어 친구가 된 적도 많았다. 엄마의 인기를 가장 실감한 순간이 있었는데, 바로 나의 졸업식이었다. 나의 졸업식 중 이날의 졸업식이 가장 생생한 추억이 되었다.
"입학한 지 얼마 되지도 않았는데 벌써 졸업이라니."

 학교에 가는 길 내내 섭섭한 이야기만 주야장천(晝夜長川) 늘어놓았다. '김떡순'과 나의 학교생활이 더욱 긴밀하게 엮여서 졸업은 한층 더 슬펐다. 나는 체육관에서 졸업식을 치렀고, 모든 식순 절차가 끝난 뒤, 친구들과 아쉬움을 달래며 작별 인사를 나눴다. 못다 한 이야기를 나누고, 함께 사진도 찍었다.

"승희야!"

그즈음 엄마는 누나와 이모들과 함께 나를 찾아왔다.

"뭐야, 나를 어떻게 찾았어?"

나는 깜짝 놀라 엄마에게 물었다. 나는 분명 단상 우측 구석에서 친구들과 사진을 찍고 있었고, 한 번도 엄마에게 연락하지 않았기 때문이다.

"네 친구들이 알려주던데!"

알고 보니 엄마가 체육관에 들어서자마자 나를 아는 친구들과 후배들이 먼저 엄마를 반기고, 엄마를 나에게 데려다준 것이었다. 생각해 보니, 그때 체육관에는 나보다 엄마를 아는 사람들이 훨씬 많았을 것이다.

"승희야, 저 단상 보이게 잘 서 봐."

엄마는 아들의 졸업식을 기념하기 위해 나와 사진을 찍고, 나와 내 친구들을 찍어주고 있었다. 그때였다.

"아주머니! 저랑 같이 사진 찍어주세요!"

내 사진을 찍어주던 엄마에게 가게 단골손님이었던 동급생이 함께 사진 촬영을 요청했다. 그 요청이 시발점이었다. 내 옆에서 나와 함께 사진을 찍던 친구들까지 합세하여 너도나도 엄마랑 사진을 찍겠다며 달려들었다. 엄마는 신이 난 표정을 감추지 못한 채 나에게 사진을 찍으라며 핸드폰을 넘겨주었다. 순식간에 엄마를 중심으로 한 대규모 촬영회가 되어버렸다. 내가 알던 친구들, 후배들, 심지어 나도 잘 몰랐던 학생들까지 모두 모여들어, 엄마와 함께 사진을 찍기 위해 줄을 섰다. 나는 그 모습을 지켜보며, '엄마의 인기가 이렇게나 대단했구나.' 하고 새삼 감탄했다. 한편 내 졸업식에서 졸업을 기념하며 엄마와 친구들을 한 컷에 담고 있는 나를 보며 누가 졸업하는 건지 의문이 들었다. 그러면서도 인생에 다시없을 귀한 장면임을 직감한 나는 최선을 다해 사진을 찍었다.

"얘들아! 엄마 중심으로 가운데로 더 모여!"
"아오, 건희야, 왼쪽으로 더 붙어! 자, 찍는다~ 하나, 둘, 셋!"

엄마의 졸업 사진

찰칵.

순식간에 졸업식을 엄마에게 도둑맞아 버린 순간이었다. 이런 졸업식이 가능한 학생이 전국에 몇이나 될까? '김떡순'이라는 가게는 나의 학창 시절 그 자체라고 해도 과언이 아니다. 의도치 않게 나름 유명 인사가 되어 학교에 다니게 돼서 좋기도 했고, 반대로 불편할 때도 많았다. 그래도 단 한 순간도 엄마가 학교 옆에서 분식집을 한다는 사실을 부끄럽거나 창피하게 느낀 적은 없었다. 오히려 나에게는 자부심이었다. 내가 다니는 학교 옆에서 언제나 든든히 지켜주며, 나와 내 친구들에게 좋은 추억 그 자체가 되어준 엄마에게 늘 감사했다. 나는 학교생활을 떠올리면 가장 먼저, 교복을 입고 '김떡순'에서 친구들과 엄마와 함께 신나게 웃고 떠드는 모습을 상상한다. 이런 추억이 흔하랴. 그 시절을 돌이켜볼 때면 늘 한 편의 영화를 보는 듯하다.

프롤로그를 써보자면 이렇다.

제목 '김떡순'
소중한 자식을 위해 학교 근처에서 분식집을 운영하는 엄마, 정현숙. 그녀는 떡볶이와 순대를 팔며 아들딸을 가까이서 보살피기 위해 노력한다. 하지만 의도치 않은 인기와 유명세로 자식의 학창 시절과 가게의 경계가 모호해지기 시작하고, 또 다른 분식집이 '김떡순'의 존속을 위협하기 시작하는데…. 그녀는 과연 자식들이 졸업할 때까지 무사히 가게를 지켜낼 수 있을까? '김떡순'은 자식을 사랑하는 엄마의 마음이 담긴 가족과 학원 성장기다.

44

또 다른 생일

 이날의 소식은 마치 잠잠한 호수 한가운데에 거대한 운석이 떨어진 것 같았다. 운동을 마치고, 오늘도 평온한 하루였다고 생각하며 숙소로 향하는 오르막길을 오르던 참에, 한 통의 전화로 그 소식을 들었다. 그 전화를 받기 전까지의 하루는 지금도 흐릿하다. 그러나, 전화 이후의 순간들은 아직까지도 매 순간이 생생하게 그려진다. 이날은 엄마가 폐암으로 가게를 그만두기 약 5개월 전이었다.

 "어, 엄마 무슨 일이야?"
 "승희야!! 내가 방금 가게 마치고 들어왔는데 아빠가 이상해!! 어…, 어떡하지? 숨을 헐떡거려. 어머, 어떡해, 온몸이 축축하네. 승희 아빠! 왜 그러는 거야! 승희야, 나, 어떻게 해야 해?"

심장마비였다. 내가 의료계에서 근무했던 터라, 그 현장이 어떨지 순식간에 눈앞에 펼쳐졌다.

"엄마, 침착해. 엄마가 지금 보고 있는 걸 하나하나 자세하게 이야기해 줄 수 있어?"

"어... 그러니까, 지금 온몸이 축축하고… 모, 몸에 힘이 하나도 없어… 바지에 대변 냄새도 나는 것 같은데… 어, 어떡해 승희야…."

"엄마, 지금 바로 전화 끊고 119로 전화해서…."

나는 올 것이 왔다고 생각했다. 엄마한테 소방서에 신고하고 상황을 구체적으로 설명하라고 한 뒤, 나는 곧장 아버지가 이송된 병원으로 향했다. 늦은 밤이라 교통편이 다 끊겼지만, 소식을 들은 선임이 나를 병원까지 데려다주었다. 그때 다리 위를 지나며 나누었던 대화가 녹음된 것처럼 아직도 생생히 들린다. "승희야, 응급실 가셨으면 응급으로 CT 찍고 빨리 검사 진행해서 괜찮아질 거야. 걱정하지 마."

"…심장마비는 응급으로 CT 촬영을 하지 않지 않나요?"

"심장마비라고?"

"네. 그런 것 같아요…."

"승희야…. 그런데 왜 이리 침착하니… 울기도 해야지…."

목소리가 떨리긴 했지만, 이런 상황이 올 거라는 것을 예전부터 수없이 상상해서인지 응급실에 도착하기 전까지 눈물이 나지 않았다. 오히려 평소보다 훨씬 차갑고, 침착했다. 어딘가 고장이 난 것처럼. 선임은 평소에 말 못 할 고민을 종종 나누던 사이였기에, 더 안타까워했다. 응급실에 도착하자마자 나는 당직 의사에게 심폐소생술을 멈춰달라고 했다. 의료법상 보호자가 확인된 심폐소생 환자는 보호자가 도착하기 전까지 심폐소생술을 멈출 수 없다. 나는 그 사실을 알고 있었기에 더욱 서둘렀다. 이미 40분이 훌쩍 지난 상황이라 가망이 없다는 것을 알았기 때문이다. 그만해 달라는 내 한마디에 모든 의료진은 행동을 멈추고 일사불란하게 아버지 몸에 있던 것들을 정리하기 시작했다. 금세 자리가 비워졌다.

나는 소생실 앞 의자에 앉아있는 엄마에게 다가갔다. 씁쓸한 표정이었다. 좌절도, 엄청난 슬픔도, 그 무엇도 아니었다. 엄마도 나와 같은 감정과 생각이었을까? 아니면 아버지와의 인연이 말로 다 형용할 수 없는 복잡한 감정을 불러일으킨 것일까. 차마 묻지 못했다. 그저 조용히 엄마를 다독일 뿐이었다. 시간이 좀 흘렀을까. 응급실 간호사가 나를 찾아왔다.

"저기…. 아드님, 이제 여기 정리를 해주셔야 합니다. 장례식장은… 혹시 알아보셨나요?"

그 말만 남기고 간호사는 홀연히 다른 업무를 하러 사라졌다. 주위를 둘러봤다. 너무 고요했다. 마치 같은 시간대에 다른 세계를 보고 있는 것 같았다. 고요한 침상들, 꾸벅꾸벅 졸고 있는 책임 간호사까지. 이때 응급실에서 아버지의 죽음도 그들에겐 그날의 업무 중 하나일 뿐이었다. 그리고 시신 운반을 맡은 사설 구급차가 카드 대신 현금을 요구하던 순간까지, 이 모든 상황이 오롯이 나만의 현실임을 더욱 실감했다. 삶은 각자의 독립된 사연으로 이루어져 있다는 것을 그날처럼 적나라하게 느낀 적은 없었다. 공감과 위로는 여유에서 나오며, 우리는 그저 치열하게 각자의 삶을 살아갈 뿐이다.

나는 상주로서 아버지의 장례를 치렀다. 상주 역할에 충실하다 보니, 장례 기간에 아버지를 마음으로 보내드리지 못했다. 그래서 장례가 끝나고 나서야 홀로 아버지를 보냈다. 갤러리에 몇 장 남지 않은 가족사진을 꺼내 보며 아버지와 함께한 삶을 곰곰이 생각했다. 어렸을 때 나는 엄마와 아버지의 관계를 가장 이해할 수 없었다. 거의 매일 싸우고, 감정의 골은 끝없이 깊었으면서 왜 함께 사는지 이해할 수 없었다. 그 밖에도 이해되지 않는 것들이 정말 많았다. 왜 그리 묵묵했는지, 내가 했던 질문에 왜 '현실'이라는 대답밖에 하지 못하셨는지, 왜 홀로 술에 기대었는지, 왜 나에게 단 한번도 술을 같이 마시자고 하지 않았는지, 왜 엄마와 우리를 그렇게나 사랑하면 서도 사랑을 주지 못하셨는지. 같이 살던 한평생 아버지에게 반감과 의문을 품었지만, 나이가 들수록 그 감정은 안쓰러움으로 바뀌었다. 이해할 수 없었던 것들이 조금씩 이해되기 시작했다. 글쓰기를 취미 삼은 것도 아버지가 돌아가신 후 무너져버릴 것 같은 자아를 붙들기 위해서였다.

어머니와 관련된 책이라 아버지의 이야기는 거의 넣지 않았지만, 아버지는 알코올성 간경화와 오랜 현장 노동으로 건강이 좋지 않았다. 돌아가시기 전까지는 걷기조차 어려워 일도 할 수 없었다. 일과라고는 오전에 산에 오르는 것뿐이었고, 하산 후에는 산 근처 막걸릿집에서 홀로 막걸리를 마셨다. 처음엔 회복을 위해 등산한다고 했지만, 등산하러 간 날이면 늘 막걸리에 잔뜩 취해 들어오시는 모습을 보며 주목적이 바뀌었다고 생각했다. 상담 일지를 작성하고, 건강한 하루를 위한 일정표를 작성하는 등 아버지가 술을 끊을 수 있도록 나름의 시도도 해보았다. 하지만 알코올의 중독성, 아니 알코올이 주는 안식처의 안락함을 이겨내지 못했다. 나는 그런 아버지가 안쓰럽지만, 동시에 너무 원망스러웠다. 사랑하면서도 미워했다. 아버지는 곧 원망의 대상이자 사랑의 대상이었다. 나는 정확히 일대일 비율의 양가감정 속에서 이리저리 흔들렸다.

  아버지의 건강은 계속해서 악화되었고, 그보다 더 빠른 속도로 자아상은 무너져갔다. 그렇게 몸도 마음도 처참히 망가진 상태로 결국 죽음을 맞이했다. 나는 언젠간 이렇게 되리라고 예상했다. 그 예상이 현실이 되지 않도록 나름 몸부림쳤지만, 나는 한낱 고등학생이었고, 세상 물정을 잘 모르는 20대 초반이었다. 가끔 몇 장 남지 않은 가족사진을 보며 생각에 잠긴다. 내가 조금 더 나이가 많았다면, 조금 더 경제적인 여유가 있었다면 결과가 달랐을까. 아버지의 생일이 기일로 바뀌었다. 생일에는 탄생을 축하하지만, 기일에는 무엇을 축하해야 할까. 축하의 의미가 다소 달라지더라도, 여전히 아버지의 존재를 기리고 그에게 감사를 전할 수 있는 날이라면, 삶의 마지막이 아니라 내게 보이지 않는 새로운 삶의 시작이 될 수도 있다. 또 다른 생일이라고 하자.

45

운명의 장난이 아닌 운명과의 놀이

　15년간 전통을 이어오던 '김떡순'도 결국 폐업하게 되었다. 엄마도 코로나를 피해 갈 수 없었다. 혹시 이 책이 가보처럼 이어질 수 있으니 잠깐 설명하자면, 대한민국에 'COVID-19'라는 바이러스가 퍼졌다. 정부는 방역을 위해 '사회적 거리 두기'를 시행하고 감염병 상황에 맞춰 사적 모임을 제한했다. 이러한 전체적인 상황을 일컬어 '팬데믹'이라고 불렀다. 신종 감염병이 발생했을 때 치료제가 없는 1급 감염병으로 중환자가 대량 발생하고, 그 수가 국가가 보유한 중환자실 수를 넘어설 경우 자칫하면 의료 체계가 붕괴될 수 있기 때문이다. 이러한 조치는 의료 체계가 무너지면 국민 건강에 매우 심각한 타격을 주기 때문에 정부로서는 불가피한 선택이었을 것이다. 하지만 동시에 사람들의 발길이 끊긴 거리에서 소상공인들은 속수무책으로 무너져갔다. 그 소상공인 중 한

명이 바로 엄마였다.

하지만 나는 오히려 다행이라고 생각했다. 비가 오든, 눈이 오든, 영하로 기온이 떨어지는 겨울이든, 몸이 뜨거워지는 여름이든 엄마는 오전 10시쯤 가게로 나가서 밤 11시가 다 되어서야 집으로 돌아왔다. 엄마도 점점 나이가 드는데 언제까지 그 강도 높은 노동을 이어나갈 수 있겠는가. 언젠가는 가게를 그만두어야 한다고 생각했기에, 코로나로 인해 가게를 정리한 것은 나름 좋은 타이밍이었다고 해석했다.

"승희야, 이 정도 크기면 되나?" 엄마가 물었다.
"응, 괜찮을 것 같은데? 잘 한번 적어 봐."
"당연하지! 히히."
엄마는 A4 용지와 두꺼운 유성 마커를 꺼냈다. 슥슥, 엄마는 늘 자신 있던 예쁜 글씨체로 A4 용지에 감사와 아쉬움을 가득 채웠다. 처음 '김떡순'을 열었을 때, 가게 이름을 정한다며 A4 용지에 유성펜으로 열심히 작명하던 엄마의 모습이 겹쳐 보였다. 그때도 엄마는 한 손에는 A4 용지를, 다른 손에는 유성 마커를 들고 있었다. 15년이라는 시간이 너무나 빠르게 흘렀다.

"코로나로 오는 28일부로 문을 닫고자 합니다. 그동안 김떡순을 사랑해 주셔서 감사합니다."

엄마는 폐업 2주 전부터 가게에 작별 인사를 써 붙여 놓았다. 15년간 맺어진 크고 작은 인연들에 인사하기에는 턱없이 부족한 시간이었다.

"아줌마! 그만두세요?" "안 돼요! 이제 우리 뭐 먹어요…. 흐윽." 예전만큼 북적이지 않는 거리였지만, 이따금 당장이라도 울음이 터질 것 같은 표정과 목소리로 학생들이 찾아와 아쉬움을 전하곤 했다. 엄마는 이런 손님들이 찾아온 날이면 나에게 전화를 걸었다. 수화기 너머로 들려오는 목소리에는 아쉬움이 가득했지만, 묘한 뿌듯함과 행복감이 함께 묻어있었다.

"승희야, 저번에 말했던 그 학생 기억나? 바로 앞 건물에 있는 수학 학원에 다니는데, 그 있잖아. 저녁마다 맨날 오는 친구."

"응응, 기억나지. 왜 그 친구가 가지 말래?"

"그니까! 어떻게 알았어! 그 친구가 글쎄…."

엄마는 단골손님들의 만류가 유독 강한 날이면 마음이 흔들리곤 했다. 끝내 가게를 그만두었지만. 마지막 날 가게를 정리하고, 정리된 가게 사진을 나에게 문자로 보내며, 전화를 걸어 결국 울음을 터뜨렸다. 그러나 코로나로 인해 폐업하는 소상공인에게 제공하는 정부 지원금을 받을 수 있으니 "차라리 잘됐다."라며 스스로 위안했다.

　엄마는 코로나로 폐업한 이후 주간보호센터에서 주방 일을 하기 시작했다. 당시 코로나로 폐업한 소상공인들이 재취업해 두 달 이상 근무를 유지하면 지원금을 지급하는 제도가 있었는데, 그 지원금을 타기 위해서였다. 그때 엄마는 늘 타던 오토바이로 출퇴근했다. 그러다 승용차에 작은 교통사고를 당했다. 코너에서 갑자기 튀어나온 차를 피하려다가 넘어졌다. 처음에는 다리가 조금 아픈 것 말고는 큰 이상이 없어서 오토바이를 끌고 집으로 돌아왔지만, 다음 날 아침엔 일어나지 못할 정도로 통증이 심해졌고, 결국 구급차에 실려 병원으로 향했다. 다행히 큰 부상은 아니었지만, 치료 과정에서 등에 대상포진까지 생겨 결국 주간보호센터 일을 그만두게 되었다.

　엄마는 충분한 회복 기간을 거쳐 다시 곱창집에서 일을 시작했다. 그곳은 내가 어릴 때부터 자주 곱창을 사 먹던 단골집이자, 엄마와 오랜 추억이 있는 가게였다. 가게 사장님은 매주 수요일 저녁이면 우리 집 근처에 푸드트럭을 몰고 와 곱창을 팔았다. 나는 수요일만 되면 엄마 가게가 마칠 때쯤 달려

나갔다. 엄마는 그런 나를 오토바이 뒷자리에 태우고 곱창 트럭으로 향했다. 수요일 밤은 내게 평범하지만 특별한, 우리만의 설렘 같은 시간이었다. 아마 그 덕분에 곱창집 사장님과 엄마, 그리고 나 사이에는 남다른 친근감이 쌓였던 것 같다. 사장님의 아내와도 알고 지냈기 때문에, 엄마에게 이 곱창집의 근무 여건은 매우 좋은 셈이었다. 엄마는 이 집에서 일하게 된 것에 만족감을 느끼며 새롭게 일을 시작했다. 그러나, 여기서도 오래 일하지는 못했다. 일을 시작하기 위해 보건증을 발급받아야 했는데, 이때 받았던 건강 검진에서 폐암 소견이 나왔기 때문이다. 그렇게 엄마는 지역 병원을 거쳐 대학병원으로, 다시 'ㅇ'병원으로 이어지는 길고 긴 여정을 지금까지 걷고 있다.

 엄마는 흉강을 열어 암세포를 제거하는 대수술을 받았다. 다행히 수술은 큰 문제 없이 끝났다. 모든 암세포를 제거하지는 못했지만, 남은 암세포는 방사선 요법과 항암 요법을 병행하여 치료했다. 어머니는 지금 특별한 전이 소견이나 다른 건강의 문제 없이 추적 관찰 중이다. 3개월 또는 6개월마다 CT를 찍으며 병원 진료를 보는데, 방사선 종양내과 교수님은 언제나 근엄하고 진지한 표정으로 "괜찮네요."라고 할 뿐이다.

치료가 끝난 후 5년이 지나야 완치 판정을 받을 수 있지만, 아직 시간이 남아 있다. 매해 30%의 확률로 이 상태를 유지할지, 아니면 70%의 확률로 또 다른 위기가 닥칠지 아무도 모른다. 처음에는 이런 확률의 늪에 빠져 불안한 나날을 보냈다. 70%의 확률로 찾아올지 모르는 비극을 피하려면 무엇을 해야 할지에 광적으로 집착하기도 했다. 하지만 거실 소파에 앉아 예능 프로그램을 보며 까르르 웃음을 터뜨리는 엄마의 모습을 보고 있으면, 그 모든 집착이 무슨 소용인가 싶었다. 어차피 내가 할 수 있는 최선은 오늘 하루를 엄마와 함께 최선을 다해 누리는 것뿐이었다.

회사에 출근하기 전에 어머니에게 인사하고, 퇴근 후 함께 저녁을 먹는다. 가끔 자기 전에 "잘 자."라고 인사하며 꼭 안아준다. 가끔 외식도 한다. 그렇게 우리는 평범한 일상을 보내고 있다. 요즘 평범이라는 것이 얼마나 어렵고 또 얼마나 가치 있는지 새삼 실감한다. 어렵다고 느꼈던 이유를 곰곰이 생각해보니 말 그대로 평범했기 때문에 너무 익숙해서 그 가치를 제대로 인식하거나 실감하지 못했고, 평범했기 때문에 평범을 깨닫기 위한 시도조차 못했던 것 같다. 아버지의 부고와 엄마의 암진단을 계기로 크게 어려움을 겪었지만(지금도 이겨내고 있지만), 이러한 삶조차 지극히 인간다운, 평범한 인생이라고 생각하며 '평범'이라는 가치를 진실되게 느끼고 있다.

한편, 이번에 함께 여행하며 엄마의 삶을 더 깊이 들여다보고 이해하게 되었고, 많은 것을 다시 느끼고 깨달았다. 나름 엄마와 가까운 아들이라고 생각했지만, 여전히 내가 모르는 부분이 많았다. 엄마이기 이전의 삶, '엄마'라는 이름 뒤에 숨겨져 있던 한 사람을 보았다. 엄마는 정말 아름다운 삶을 살았다. 어렵고 힘들었지만, 그 속에서도 자신만의 이야기를 꿋꿋이 그렸다. 어머니와의 이 이야기의 끝이 어떨지, 그 시점은 언제일지 아무도 모른다. 당연히 오랜시간 함께하기를 간절히 바라지만, 마냥 희망적으로만 생각하기는 싫다. 반복해서 말하지만 내가 알고 있고, 할 수 있는 단 한 가지는 그저 지극히 평범한 오늘 하루를 엄마와 함께 최선을 다해 살아가는 것뿐이다. 이번 다섯 번의 여행과 이 책도 그를 향한 도전이자, 평범한 일상이다.

"엄마, 이번 여행 어땠어?"
"재밌었지! 과분한 여행이었어."
"엄마 스스로에 대해선 느낀 게 있나?"

"나 스스로? 글쎄, 잘 모르겠네…. 괜히 말했나 싶기도 하고, 조금 보이고 싶지 않은 이야기였는데, 다 이야기해 버려서 조금 허탈하기도 해. 근데 뭐 진짜 나는 아무것도 아닌데 막 얘기해 버려서. 내세울 것도 없는데."

"뭘 내세워. 그냥 엄마의 인생 그 자체인 거지. 내세울 필요가 있나. 그냥 그 자체로 아름다운걸? 나는 엄마가 대단한 삶을 살았다는 것을 알았으면 해. 고생도 정말 많이 했고, 그런데도 짠! 이렇게 좋은 엄마가 됐잖아."

"고생은 무슨. 그 시대 살았던 사람들은 다 고생했지. 근데, 한 가지 확실한 건…. 그래! 한 가지 확실한 건 삶을 즐겼던 것 같긴 해. 진짜 열심히 즐겼지."

엄마의 말에 나는 고개를 끄덕였다. 그녀의 삶 속에서 나는 단순한 고생이 아닌, 그 속에서 피어난 행복과 즐거움의 순간들을 보았다. 엄마는 힘든 상황 속에서도 작은 것에서 기쁨을 찾고, 소중한 사람들과 함께하며 삶의 의미를 더해갔다.

책을 마무리하며

엄마를 더 사랑하게 된 아들

연인도 아니고 갑자기 지금 엄마를 더 사랑하게 되었다니 황당하게 들릴 수도 있겠지만, 사실이다. 나는 정말 엄마를 더 사랑하게 되었다. 조금 더 정확히 말하면, 엄마를 더 사랑하는 방법을 배운 것이다. 우리의 일상은 크게 달라진 것이 없지만, 그 속에서 엄마와 나누는 진심, 부모와 자식 간 사랑의 교류가 한층 더 깊어졌음을 느낀다. 나는 꽤 이성적인 사람이라 감정을 잘 표현하지 못했다. 하지만 지금은 더욱 다양한 방식으로 진심을 담아 표현하려고 노력 중이다.

"엄마, 오늘 음식 뭐야? 왜 이렇게 맛있어!"

"엄마는 웃는 게 진짜 예쁜 것 같아. 나도 좀 나눠주지. 혼자 다 가져가고."

"어떻게 목에 주름이 그렇게 없지? 목은 진짜 30대 같다니까!"

 가끔은 나 자신도 놀란다. '내가 이렇게 표현할 줄 알았구나.' 하고.

 이 책을 쓰면서 나는 자신의 변화를 바라지는 않았다. 그저 엄마의 자존감과 삶에서 스스로 느끼는 가치를 높여주고 싶었을 뿐이다. 그런데 신기하게도 나에게도 변화도 생겼다. 누군가를 더 사랑하는 방법을 배운 것이다. 그것도 20대 후반이라는 나이에, 심지어 엄마한테서 말이다. 놀랍지 않은가? 요즘 나는 맛있는 밥을 먹으면 맛있다고 신나게 말하고, 자기 전에 꼭 한 번 엄마를 안아주고, 뒷머리를 쓰다듬는다. 사랑한다고 말하는 대신, 일상 속 소소한 부분에서 엄마에게 진심을 담아 사랑을 전하려고 노력하는 중이다. 진심으로, 의미 없는 사건과 과정은 없다는 것을 다시 한번 깨닫는다.

 아버지가 돌아가신 후 무너졌던 삶을 겨우 일으켜 세웠을 때, 엄마의 암 진단으로 또 한 번 처참하게 무너졌다. 앞이 보이지 않는 암흑 속에 홀로 놓인 기분이었고, 모든 것이 증오스러웠던 순간도 있었다. 고민했다. 무너진 채 주저앉을 것인지, 아니면 다시 일어설 의지를 다져볼지. 둘 다 겪어보니 깨닫게 된 것들이 있다.

 첫째, 모든 고난은 성장으로 이어진다. 단, 그 성장은 그 고난을 포기하지 않고 굳건한 의지로 버텨낸 자에게만 주어진다.
 둘째, 무너져 있을 때는 아무도 손을 내밀지 않지만, 스스로 의지를 보이면 비로소 누군가 손을 잡아준다. 그 손은 먼저 내밀어야 잡을 수 있다. 주머니에 넣어 둔 손을 꺼내 잡아줄 이는 아무도 없다.
 셋째, 약하다고 곧 무너지는 것은 아니다. 자신의 나약함을 직시하고, 인정하는 것, 그리고 도움을 요청하며 움직이는 것 또한 극복을 위한 뜨거운 의지다.

 "시간이 해결해 준다."
 힘든 일을 겪을 때 이 말을 참 많이 들었다. 이것은 힘든 일들이 지나갈 때까지 버티라는 말이다. 포기하지만 말라는 뜻이다. 무너져도 잠시 숨을 고르고 다시 일어나면 된다. 일어나야 어렴풋이 보이는 것들이 있다. 앞으로 조금씩이라도 나아가야 흐릿하던 것들이 점점 명확해진다. 아무것도 하지 않는 것보다는 한 걸음씩 나아가는 것이 백배, 천배 낫다. 이번 고난을 버티면서 자식이 부모를 더 깊이 사랑하는 방법을 배웠다. 끝까지 버티면 결국 다 지나간다. 같은 상황에 있는 분들도 끝까지 버텼으면 좋겠다. 세상이 무너져 내려 아무것도 남지 않을 것 같을 때, 우리의 이야기가 실낱같은 희망이라도 되기를 소망한다. 우리를 위해서 그리고 그들을 위해서.

반쪽짜리 인생

 되돌아보니 전조 증상이었을 만한 단서들이 많았다.
"요즘 매운 걸 먹으면 좀 짜게 느껴지네."
"이거 봐! 왼쪽 몸에서만 땀이 난다! 크크크."
"왜 이러지? 왼쪽 팔다리 피부 감각이 약간 이상하네."
 폐 수술을 받은 뒤 왼쪽 몸에서만 땀이 나는 후유증이 있었다. 더우면 정확히 몸의 정중앙을 기준으로 왼쪽만 빨개지고 땀이 났다. 나는 그저 수술 후유증 때문이라고 생각했다. 불길한 예감이 든 결정적인 순간은 엄마의 말이 점점 어눌해지기 시작한 것을 알아차린 때였다. 처음에 엄마는 끼고 있는 틀니 끝부분이 부서져 제대로 고정이 안 된 탓에 발음이 뭉개진다고 설명했다. 하지만, 그것과 별개로, 왼쪽 손의 힘이 빠지면서 뚜껑을 따지 못했고, 밥을 먹으면 늘 왼쪽 입가에만 밥풀이 묻어있었다.

 엄마의 발음이 점점 더 안 좋아져서 틀니를 다시 교정하러 치과에 갔는데, 치과의사는 발음 문제는 틀니와 상관이 없다며 병원 진료를 권했다. 그날 'ㅇ'병원 응급실로 급히 향했고, 거기서 뇌전이 소견을 받았다. 오른쪽 전두엽에 40mm 크기의 뇌종양이 발견되었다. 이제 모든 것이 명확해졌다. 왼쪽 신체에만 증상이 나타났던 것도, 엄마의 말이 어눌해졌던 것도. 엄마는 결국 '감마나이프'라는 뇌수술을 받았고, 지금은 다시 회복에 집중하고 있다. 오랜 고민 끝에, 이 본문의 내용을 수정하지 않은 것은, 이 모든 투병의 과정과 흐름을 그대로 전하고 싶었기 때문이다.

"나이느 왼쪽 가암각도 떨어지고, 왼쪽 미…미각도 이상하고, 땀도 왼쪽만 나고. 완전 바…반쪽짜아리 인생이네. 크크크."

엄마는 발음이 어눌한 와중에도 그 발음이 오히려 귀엽다며 애써 웃으며 농담을 던졌다.

"반쪽짜리 인생."

이 표현은 오랫동안 내 머릿속에 맴돌았다. 엄마가 던진 이 농담에는 삶의 허망함과 슬픔이 감춰져 있었지만, 동시에 긍정과 회복을 바라는 의지가 뚜렷하게 드러나 있었다. 그 말은 삶의 아이러니를 깊이 느끼도록 했다. '반쪽짜리 인생'이라는 말은 모든 것이, 완벽할 수는 없다는 사실을 받아들이는 동시에, 그 불완전함 속에서도 즐거움과 사랑을 찾아내려는 끊임없는 노력을 상징했다. 그녀의 대단한 용기다.

 삶은 불완전하지만, 우리는 함께하는 순간들 속에서 여전히 온전한 존재로 살아가고 있음을 느낀다. 엄마는 아픔과 고통 속에서도 웃음을 잃지 않으려 했다. 그 모습은 나로 하여금 삶의 의미를 다시 생각하게 했다. '반쪽짜리'라는 표현은 단순한 결핍이 아니라, 그 속에서 피어나는 사랑과 연대의 힘을 일깨워주는 말이었다. 엄마의 폐암 진단을 계기로 놓칠 뻔했던 소중한 일상을, 이제는 최선을 다해 즐기려 한다. 더욱 평범하게, 더욱 아무렇지 않게. 지금은 엄마가 어린 시절 살았던 동네로 이사 와 엄마, 누나와 함께 살고 있다. 여기서 다시 시작하면 된다. 엄마가 태어나고 자랐던 곳에서 새로운 삶을 다시 써 내려가면 된다.

 "승희야! 여기로 이사오니까, 나 새롭게 태어난 것 같아! 다시 아무렇지 않게 살면 되겠지?"

 "네, 어머니. 다시 시작하면 됩니다. 그간 정말 고생 많으셨어요. 이제야 조금은 알 것 같습니다. 당신이 우리를 위해 무엇을 포기했는지, 얼마나 많은 것을 헌신했는지. 아주 조금은 알 것 같아요. 제가 이런 얘기를 꺼낼 때마다 당신은 늘 같은 대답을 하셨지요. '나는 포기한 거 없다.' '오히려 너희를 얻었다.' 언제나 변함없이 그렇게 말씀하셨지요. 그것이 부모일까요? 솔직히 저, 너무 힘들었습니다. 당신의 삶을 헤아리는 과정이 너무 고통스러웠습니다. 당신의 삶을 이해하기에 저는 아직 너무 나약하고 어리숙했습니다. 그래도 끝까지 알고 싶었어요. 엄마이기 이전에, 부모이기 이전에, 당신이라는 사람을요. 그 커다란 책임 뒤에 가려진 당신이라는 사람을 알고 싶었습니다. 용기를 내주셔서 감사합니다. 너무나 빛났던 당신의 삶을 이 책에 소중히 담아 오래도록 기억하겠습니다. 사랑하고, 사랑하고, 또 사랑합니다."

이제야 당신을 배웁니다

삶의 문턱에서 완성되는 사랑의 기록

초판 1쇄 2025년 10월 26일

작가 배승희
표지 Halim Lee
　　　Instagram: @ha_lee.me

펴낸곳 이분의일
주소 경기도 과천시 과천대로 2길 6, 과천테라스원 508호
전화 02-3679-5802
이메일 onehalf@1half.kr
홈페이지 www.1half.kr

출판등록, 제 2020-000015호
ⓒ배승희, 2025
ISBN 979-11-94474-13-5 (03810)

이 책에 실린 글과 이미지의 무단복제를 금합니다.
이 책의 내용의 전부 또는 일부를 재사용하려면 반드시 출판사의 동의를 받아야 합니다.